孩子上高三家长怎么办

王极盛 ◎ 著

全国百佳出版社
中央编译出版社
Central Compilation & Translation Press

图书在版编目（CIP）数据

孩子上高三　家长怎么办 / 王极盛著.
— 北京：中央编译出版社，2011.8
ISBN 978-7-5117-0968-4

Ⅰ.①孩… Ⅱ.①王… Ⅲ.①高等学校－入学考试－经验②高中生－学习方法 Ⅳ.①G632.474②G632.46

中国版本图书馆CIP数据核字(2011)第159643号

孩子上高三　家长怎么办

出 版 人：	和　龑
策划编辑：	冯　章
责任编辑：	冯　章
特约编辑：	萧　虹
版式设计：	姜晓宁
出版发行：	中央编译出版社
地　　址：	北京市西城区车公庄大街乙5号鸿儒大厦B座（100044）
电　　话：	(010) 52612345（总编室）　(010) 52612351（编辑部）
	(010) 66161011（团购部）　(010) 66130345（网络销售）
	(010) 66130345（发行部）　(010) 66509618（读者服务部）
网　　址：	http://www.cctpbook.com
经　　销：	全国新华书店
印　　刷：	北京温林源印刷有限公司
开　　本：	787×1092毫米　1/16
字　　数：	110千字
印　　张：	15
版　　次：	2011年10月第1版第1次印刷
定　　价：	29.80元

本社常年法律顾问：北京大成律师事务所首席顾问律师　鲁哈达

中央编译出版社（教育分社）
亲职教育名家书系编辑委员会

顾　问　　王极盛　　孔庆东　　王大伟
主　任　　和　龚
副主任　　邢艳琦

策划人　　冯　章　　董保军　　张天罡　　邓　彤

执行人　　冯　章　　董保军　　张天罡　　邓　彤
　　　　　陈　琼　　盛菊艳　　杨　蕾　　蔡荣建

引 言

十余年来，我一直在研究高考，通过调查与研究，我发现合适的家庭教育对帮助孩子考上理想大学关系甚大。

我对2009年15位全国省级高考状元进行了面对面的访谈，这15位状元的家长在孩子的备考过程中都做得很适当，给了孩子温暖、理解、民主的支持。考生最大的压力来自家庭，90.4%的考生害怕考不好使父母失望。很多家长陷入五大误区：过分保护、过分干涉、过分期待、只言教而不身教、忽视心理健康。很多考生家长处于干着急、瞎帮忙、帮倒忙的状态。

研究表明：家长方法得当会使孩子高考成绩提高100分，家长方法不当给孩子压力过大，会使孩子高考发挥失常，有的减低60分甚至更多。

2009年全国高考河北考生陈璐跟我说，我的二模考得非常不好，成绩很差，我爸爸打电话问我成绩怎么样，我回答说非常不好。我爸爸说这是好事。我当时还怀疑我爸爸是不是听错了分数了。我爸爸接着说，在高考前发现问题是好事，这样才能提高。如果每次都考得特别好了，反而考试是没有收获的。正是爸爸的一句话，使陈璐同学情绪稳定了下来，心中充满了信心，继续查漏补缺，高考时竟一举成为2009年高考河北省文科状元，考取北京大学。

本书的目的就是让家长掌握高考成功规律，掌握家教成功规律，借鉴高考状元家长的成功经验，保证孩子高考正常发挥，无怨无悔，考上理想大学。更希望孩子高考超常发挥，喜出望外。

本书从中国高考家长的实际情况出发，以大量的典型案例来启发家长掌握成功家教规律。本书面向全体考生家长，包括成绩好、中、差的考生家长，也包括考上大学与未考上大学考生的家长。

本书强调实用性、有效性、操作性，方法简便易行、行之有效，是关于家长怎样帮助孩子上大学的总结，是一部家长必备的实用性读物。

目 录

一、高考生家长的五大误区　/1
1.1 过分保护　　/1
1.2 过分干涉　　/5
1.3 过分期待　　/10
1.4 忽视言传身教　　/14
1.5 忽视心理健康　　/17

二、帮助孩子复习功课做好六件事　/21
2.1 帮助孩子制订复习计划　　/21
2.2 跟着老师步子走　　/23
2.3 家长少唠叨　　/25
2.4 提醒孩子要准备几个错误改正本　　/26
2.5 帮助孩子营造一个整齐有序的学习小环境　/26
2.6 远离复习误区　　/28

三、帮助孩子调整心态的八个要诀　　/36

　　3.1　家长帮助孩子调节心态须知　　/38

　　3.2　心态制约考试成绩　　/45

　　3.3　以平和的言行感染孩子　　/47

　　3.4　营造安静、宽松、和谐、愉快的家庭氛围　　/51

　　3.5　平常心对待　　/53

　　3.6　做好孩子的心理健康测试　　/54

　　3.7　多与老师联系　　/60

　　3.8　不同时期侧重解决不同问题　　/64

四、帮助孩子填报志愿的秘诀　　/71

　　4.1　重视志愿，让分数实现最大价值　　/71

　　4.2　发挥家长的优势　　/72

　　4.3　填报志愿时家长做什么　　/74

　　4.4　填报志愿的要领　　/82

五、寒假期间家长做好三件事　　/88

　　5.1　引导孩子的三个原则　　/90

　　5.2　家长怎么帮助孩子复习功课　　/93

　　5.3　帮助孩子调节心态　　/96

六、一模前后做好四件事　　/100

　　6.1　帮助孩子制定合理的作息时间　　/100

6.2 帮助孩子每天做到复习有计划　　/101

6.3 帮助孩子做好开学的考试心理调节工作　　/103

6.4 正确对待一模考试　　/105

七、高考前半个月家长做好九件事　　/111

7.1 帮助孩子安排好作息时间　　/112

7.2 保证孩子三餐饮食卫生　　/115

7.3 有针对性地安排好复习计划　　/116

7.4 防止孩子过多使用电话　　/120

7.5 备有常用药品箱　　/120

7.6 家长不要请假在家陪读　　/122

7.7 预防感冒　　/123

7.8 提示孩子积极地休息　　/125

7.9 多和孩子交流　　/126

八、高考前最后一天家长做好六件事　　/129

8.1 帮助孩子生活富有节奏感　　/130

8.2 做做题，练练手，热热身　　/132

8.3 适当休息　　/133

8.4 落实物质准备　　/134

8.5 帮助孩子6月6日晚上睡好觉　　/135

8.6 帮助孩子做好应急方案　　/138

九、高考前家长"五要五不要" /140

- 9.1 情绪要稳定 /140
- 9.2 心情要愉快 /141
- 9.3 只要孩子尽力就行 /143
- 9.4 确保孩子身体健康 /144
- 9.5 做好必要的督促检查 /147
- 9.6 不要定考试成绩的指标 /151
- 9.7 不要规定孩子考什么大学 /152
- 9.8 不要把自己的意志强加给孩子 /153
- 9.9 不要问孩子考试结果 /154
- 9.10 不要送孩子上考场 /155

十、榜上有名,考生家长做什么 /160

- 10.1 总结中学的学习生活 /162
- 10.2 帮助孩子调整身心 /162
- 10.3 自我服务的锻炼 /164
- 10.4 英语学习不能丢 /168
- 10.5 对恋爱问题要有心理准备 /171

十一、落榜考生家长怎么办 /174

- 11.1 落榜考生家长的心态 /174
- 11.2 落榜和没考好的考生家长五不要 /179
- 11.3 考生没考好家长力求做到五要 /185

11.4 家长怎么帮助孩子调节心态呢? /193

十二、高考落榜的五个出路   /199

12.1 复读   /199

12.2 民办高校   /200

12.3 网上大学   /202

12.4 自学考试   /203

12.5 出国留学   /204

十三、复读生家长须知   /211

13.1 只要心态调节好,明年定比今年好   /211

13.2 家长怎样帮助复读生调节心态   /215

13.3 复读学校怎么帮助学生调整心态   /218

13.4 怎样选择复读学校   /220

13.5 哪些人适宜复读   /223

13.6 哪些人不适宜复读   /226

一、高考生家长的五大误区

1.1 过分保护

每年高考时(甚至高三一年),相当多的家长把孩子看成家里的重点保护对象,过分地对孩子进行保护。其效果对高考不利,会影响孩子高考的心态,影响孩子高考的成绩。

家长对考生过分保护的情况各种各样。现把我调查研究中比较常见的过分保护事例列举如下:

1.1.1 请假或者在家专门侍候孩子

有的家长为了侍奉好孩子,担当起保护家里重点对象的任务,在高考前十天半个月已经请假在家专门陪伴孩子,侍候孩子,服务孩子。

案例1

家长刘某是考生的母亲,在高考前1个月就向单位请假，全心全意24小时为孩子服务，确保孩子在高考前的1个月里复习好功课。她一个月在家也感觉心里闷得慌，没事可干，无非是三顿饭。儿子看她在家里心里感觉挺别扭的，心想：妈妈你连班都不上，请假在家，你是为我服务还是监督我？其实为我服务不用这样，三顿饭，中午这顿我自己都能解决。而且我们临考前两个星期才开始放假在自己家里复习，你何必提前一个月就在家里看守我呢？

因为这位母亲在家里没事做，动不动就去儿子的屋里去看看，转一转。其实她倒不是有心监督孩子。但是她的行为引起了孩子的怀疑：我妈妈过来是看我是不是在家里复习功课，看我是不是干别的事情。由此孩子产生了对妈妈的不满情绪，跟妈妈说话的时候少了，也不主动跟妈妈讲话了。他总觉得：有人在后头监督我，不信任我。情绪不好，感觉很压抑很郁闷。

由于对妈妈的不满，心情压抑，情绪不高，复习速度减慢，复习效率降低。高考时没发挥好。用他自己的话来讲，妈妈的这种做法至少使我的高考成绩掉了10分。

案例2

宋某是一位高三的学生，平时学习很自觉，也很有计划性。

快要高考了，他妈妈为了使孩子复习好，格外加以关照。过去孩子学习时她几乎不进孩子屋里,现在倒好,孩子复习到什么时间,她陪伴到什么时间,她的任务就是坐在孩子旁边,给孩子倒茶,天太热的时候给孩子开空调。就是坐在孩子旁边陪读。

本来这个孩子由于学习有计划,方法也得当,学习成绩不错,对高考不能说没有什么压力,但是压力不大,心态比较平和,也比较稳定。

可是他的妈妈每天陪着他,他就觉得:高考可是件大事情,这关系到全家命运的问题。妈妈夜夜陪读使他感觉心里不安,从而产生很大的心理压力,心想:考不好怎么办,考不好怎么对得起我妈妈对我的陪读。逐渐,这位考生的情绪有些烦躁,甚至发一些无名火,学习成绩下降,还出现头疼、心慌等症状。后来这个考生找我咨询时跟我说:我现在恨不得跑到荒山旷野没有人的地方去哭一场,心里太压抑了。

后来,我跟他妈妈取得了联系,不要再陪读了,要想孩子以平常心来对待高考,首先家长要以平常心对待高考。要使孩子对高考不产生过大的压力,首先家长要心态平和,和平时一样对待孩子就可以了。您的格外关照、您的陪读只能增加孩子的心理压力,只能降低孩子的学习效率,只能影响孩子的学习成绩,只能使孩子高考考不出正常水平，这样做何苦呢？

他妈妈接受了我的建议，恢复了平时对待孩子的状态，这个孩子的心理压力逐渐得到了缓解，心态也逐渐平和起来，学习井然有序，效率不断提高，高考时以优异的成绩考上了重点大学。考上大学之后他妈妈给我打电话表示感谢，还要到我家里来面谢，我当然拒绝了。我只是说：孩子上了大学这只是孩子开始独立生活的第一步，这一步要鼓励孩子自己走，不要过分地关注，过分地关注只会增加孩子的心理压力。

1.1.2 过分保护还表现在考前物质准备方面

案例3

辽宁沈阳有一个考生学习成绩不错，对高考也比较有信心。他的爷爷非常疼爱他，6月6日那天晚上，他爷爷对他讲：孙子，你放心睡觉吧，爷爷把你的表给调准了，考试时你把时间把握好。他的表是机械表，他爷爷老眼昏花地把表调成提前1小时，结果第二天上午考语文时他觉得时间怎么这么紧，感觉很多题都来不及做，只能仓促地挑着做，后来看自己的表已经到11点半，可是周围的同学都没有交卷子的，监考老师也无动于衷，他感觉很纳闷，就举手报告老师，是不是现在该交卷子了，都11点半了。老师说：现在是10点半，你还有一个小时的答卷时间。他说：

老师我的表都11点半了。监考老师说：你的表错了，现在是10点半，我们监考老师还能把表看错了吗？他这才恍然大悟，爷爷老了，眼睛不行，把表对错了。

他抱着非常后悔、沮丧、焦急的心情再继续答卷，这样很难答好，写上去的答案也很难改，有的还可以涂改，但改起来很乱。考完试以后，这孩子中午没有回家吃饭，他爸爸、爷爷都很着急，这孩子怎么了？饭准备好了怎么还没回来吃，是不是考坏了？是不是路上出什么事了？都往不好的方面想。后来他的爸爸骑着车到处跑也没有找到，晚上才知道，孩子由于这件事心情特别坏，中午没有回家，在外面坐了两个小时。可以想到，上午由于表的问题没有考好，心情不好，下午也很难考好。

我建议家长不要主动给孩子找教辅材料和卷子，不主动问孩子的考试分数，没有特殊情况不要送孩子上考场，等等。

1.2 过分干涉

有些家长认为，快高考了，要让孩子把时间抓紧，就必须督促他，监督他，把孩子管紧管好。为此采取各种措施，设立了很多清规戒律，认为家长都是从孩子的实际情况出发，可是这些主观的愿望往往与实际情况不符，不仅仅没使孩子把时间抓紧，反而使孩子与家长之间产生了隔阂甚至是对立，更有甚者，产生了冲突，这样影响了孩子的情绪，影响了孩子的复习效率和效果。

案例1

有位家长在孩子高三学期开学后，就自作主张给孩子安排了一个复习时间表，几点到几点复习数学，几点到几点复习物理，几点到几点复习化学等，把时间排得很满，当中几乎没有休息时间；而且强迫孩子按照这个作息时间去学习。

他安排的学习作息时间表和孩子实际的学习情况不一致，孩子没有办法按照他的作息时间去复习功课。这样自然父子俩就产生了矛盾。爸爸发脾气说：你不听我的就考不好。儿子说：听你的准考不好。

依我看，这位家长是瞎帮忙，帮倒忙。孩子怎么复习功课，怎么具体安排时间，那是他自己的事情，他自己也最清楚，他会根据老师布置的作业情况和自己的学习情况来自己安排，用不着家长来操心，家长不顾孩子的实际情况，给孩子具体拟定一些作息时间安排是瞎帮忙，结果就是帮了倒忙。你那套东西孩子无法实现，你还非管不可，那不就造成了矛盾，造成了和孩子的冲突，影响孩子情绪、影响孩子复习效率吗？

家长的任务就是给孩子创造一个温馨的学习环境，一个温馨的家庭气氛，家长瞎帮忙违背了这个原则，而且造成了很不好的后果。

案例2

高三一开学，刘某的爸爸就到北京图书大厦给她买了6套高考教辅材料和试卷。回家后对他姑娘讲：这是爸爸精心给你挑选的。后来他对我讲，我也不知道挑什么样的好，几百种教辅材料谁知道哪种好，哪种不好？问服务员她也说不出哪种好。那怎么办呢？我觉得有名的出版社的还能差吗？我就买有名的出版社的，这样就买了6套。我心里想，很多家长都给孩子买教辅材料，我也给孩子买了，也尽心了。回来我对孩子说：你每天做这些对你有好处。孩子说：我哪有时间做这些东西，老师布置的作业我都完成不了。

这个家长虽然没有实现自己的愿望，但是有空还跟孩子唠叨：有空做做我给你买的那些教辅材料。一次说来孩子不吭声，二次说来孩子心里烦，事不过三，第三次说孩子就火了，跟他爸爸嚷起来了：你也不懂这些，你怎么就知道它好？我是先做老师布置的还是先做其他的？我当然是要先完成老师留的作业，我们老师了解我们，不完成老师的作业怎么跟着老师复习。这位爸爸说：老师留的要做，这类参考的东西也要做。

其实这是给孩子增加压力。孩子该做什么他心里有数。我们家长不懂就是不懂，孩子具体该怎么学这些事情我们不懂，即使过去我们考过大学，也时过境迁多少年了，那时候的情况和现在不一样，所以你不要多管，你多管就是限制孩子按自己的实际情况去学习，束缚了孩子学习的主动性和积极性。

案例3

李姓考生的母亲在孩子进入高三以后，定了一个接打电话的规定，孩子往外打电话一律都要经过她批准才可以打，如果是向老师、同学询问关于学习方面的事情，经过他妈妈的批准可以打，与学习无关的电话一律不许打。打进来的电话首先由他妈妈来接，是女孩的则一律不通知他，他母亲就告诉对方他不在家；是男孩的要问干什么？如果是与学习有关的事情，他妈妈会叫孩子来接，如果是与学习无关的事情就会婉言谢绝。他妈妈并对孩子讲：理解要执行，不理解也要执行。

李姓考生从小就怕妈妈，只好乖乖地点点头，其实心里很不服气，心里想，我都这么大了，接个电话、打个电话还得经过批准，你把我看成小孩子了。他对妈妈的这种做法耿耿于怀，心怀不满。经常是一听到电话铃声他的这种不满情绪就激发起来了。特别是当他妈妈拿起电话后没有跟对方讲话，他就知道这个电话是找他的，而且他妈妈很快把电话就挂了，这时他不满的情绪就顿时增加，心里久久不能平静，他又不敢对妈妈说出来，使自己的心情很不好。

后来这个考生对我讲：你说在这种心态下我能复习好吗？我妈妈是怕我浪费时间，其实她的这种做法损害了我的自尊心，给我的内心造成的痛苦，影响了我的复习质量。

孩子怎么复习、怎么安排生活，是孩子自己的事情，家长不要横加干涉，更不要把自己的意志强加给孩子。当然，家长也不要走向另外一个极端，让孩子放任自流，这也是不对的，孩子在高考备考期间，可能有一些做法会影响学习，比如说，有些孩子对电视剧很迷恋，本来只想看一会儿，但是往往控制不住自己就继续看下去了，在这种情况下，父母给以必要的提醒也是应该的。

家长在高三这一年里要尊重孩子的人格，调动孩子学习的积极性和主动性，为孩子创造一个温馨的家庭气氛，必要时给孩子以提示，而不要时时处处要求孩子按照自己的主意去做，按自己的办法去干，更不要限制孩子的人身自由。

总之，考生家长一定要走出过分干涉的误区，才能使孩子获得学习的积极性、主动性，才能使孩子相对比较放松，才能使孩子从容地、心情比较平和地备考高考。

我建议家长不要给孩子布置作业，跟孩子交流时要心平气和，填报志愿时不要把家长的意见强加给孩子，等等。

1.3 过分期待

中国家长希望孩子上大学、上名校，对孩子有适当的期待也是应该的。适当的期待、符合孩子实际情况的期待，会对孩子产生一种激励，鼓励孩子去完成力所能及的目标。

但从目前中国家长的实际情况来看，相当多的家长对孩子的期待是超越孩子能力所及的。

案例1

2010年4月初，北京一位考生家长电话咨询我，说看一些广告说，一个月能提高一二百分，甚至有的说，一夜能提高二十四分。这位家长说：王老师，孩子生下之后，我就有一个梦想，让他将来能去北大、清华念书。我小的时候就想去北大、清华念书，但没有实现自己的愿望。我把自己的梦想寄托在孩子身上。我说大姐，你的孩子一模考了多少分。她说430分。我说你430分的成绩，经过两个月要考上北大、清华，几乎不可能。她说我孩子要是头悬梁锥刺股，努力奋斗呢？我说也不可能。她说，那我还让不让他奔北大、清华呢？我说你不要这样想了，实事求是，否则孩子压力太大，反而会降低考试成绩。

案例2

有一位曾经在北京四中学习的女孩，她的学习成绩也不错，但是四中是北京市最好的学校，她在那里的成绩排队就不靠前了，比较靠后。她父亲的心气很高，一定要她考上北大或是清华，这样才和四中学生的身份相称，他才能以女儿而光宗耀祖——我们家出了上北大的孩子了。

其实这个孩子学习成绩也不错，按她的成绩考上一般的重点大学是不成什么问题的。但是她的父亲整天唠叨要上北大，给孩子造成了很大的心理压力，使孩子的成绩有所下降，特别是高三阶段，在学校排队位置来看，要想考上北大是相当困难的，甚至可以说是几乎没有任何希望。在这种情况下，她爸爸还不放弃北大的目标，实际上就给了孩子相当大的心理压力。爸爸的目标是孩子力所不能及的，离高考的时间不多了，再怎么努力也难完成目标。

有一次，我到母校北京大学办事，在西门口碰见一个小孩和两位家长，孩子的妈妈问我：老先生，北京大学在哪里？我说：再往前走10米就是。这位家长听我的口音觉得似乎是她家乡的人，便问我：你的口音怎么像我们家乡的人呀？我问他：你是哪里人啊？他们说是营口的。我说我就是那里出生的，怪不得口音和你们相近呢。我就问那个还在上学的小女孩：你将来想上哪个大学？小女孩说：我要上北大。停了一下又说：实在不行，考上清华也可以。

你看这孩子心多高，口气多么大啊。其实孩子的这种想法并不是从自己内心里产生的，小学五六年级的孩子对北大、清华的概念不是太清楚，为什么会有这种想法和愿望呢？那是爸爸妈妈灌输给孩子的。你将来要上北大，你将来要上清华，那是全国最好的学校，是全国最高学府。这些都是孩子在父母平时教育中接收过来的。

我也问过不少北京市的小学三四年级的孩子，你将来考学考什么地方？"考北大。"一位小学四年级的女生这样说。我问她你怎么就想考北大呢？"我爸爸妈妈告诉我要考北大。"

在高三这一年家长的期望表现得更为强烈。可是，过分的期待会给孩子造成心理压力。所谓过分的期待就是孩子力所不能及的，所以对孩子不能强求。当然也不能过低要求孩子，不能降低对孩子的要求。但是，目前主要的倾向是对孩子过高的期待，脱离孩子实际情况的期待。

在中国当前确实是有些家长盼着孩子上北大、清华。当然这些孩子也是有相当学习实力的，如果孩子模拟考试是400分左右，家长也不会要求孩子去考北大、清华，可能目标是能上大学就可以了。问题是孩子的学习成绩不错，但离北大、清华还有一定的距离，很多家长就希望孩子冲上去。有点压力也是好的，但是如果压力过大往往会造成孩子的心态失衡，这样反而会影响孩子的学习成绩和高考成绩。

据我的研究，有相当多的学习实力强的考生，他们的成绩达不到上北大、清华的水平，但是上其他重点大学是能达到的。这些学生当中有不少高考时没考出自己的水平，为什么呢？就是在他父母的压力下一心奔北大，而自己心里明白自己的实力和北大、清华还是有20分甚至30分的差距。在这种不良的心态下参加高考往往发挥不出实际水平，考不出自己平时的成绩，结果北大、清华没考上，第二志愿往往达不到，有的考生干脆第一志愿报北大、清华，第二志愿就报北京工业大学了。其实他的成绩除了北大、清华以外，其他的北京市的重点大学都可以上，结果他上了北京工业大学，提档线在500分以下，比他实际的考分低八九十分。

家长对子女高考的过分期待只能给孩子增加心理压力，影响孩子智力效应的发挥，影响孩子高考的发挥。往往造成事与愿违的结果。

高考前家长不必给孩子提出什么过高的期望，平时怎么考就怎么考，能考多少考多少，考上什么分上什么大学。这样孩子以平常心来对待高考，使孩子的情绪稳定，减少心理压力，能以平和的心态去迎战高考，反而往往会发挥得很好，甚至超过平时的成绩。

我建议，家长不要攀比，不要给孩子的学习成绩画框框、定调调，填报专业不要净报热门专业，等等。

1.4 忽视言传身教

有些家长望子成龙，对孩子的要求很高，希望孩子能考上大学，考上名校，将来再读研，或者出国深造。这种愿望是非常好的，但是如何实现这个愿望呢？有些家长只是要求孩子这样做，他们自己并不这样做，他们自己的行动给孩子的影响抵消了对孩子的言教，甚至还造成了孩子的反感：父母都不这样做，让我这样做。

案例1

甲考生春节时在家备考，打算寒假里把功课进一步复习巩固，可是家里的环境怎么样呢？整个春节前后十来天，天天有客人，父母天天和客人搓麻将，搞得家里乌烟瘴气，孩子的三顿饭有时都不能保证。在这样的环境下，孩子很难集中精力备考，只能增加孩子的烦躁情绪，影响复习效率，影响复习质量。

这个考生后来对我讲：本来希望提高一下学习质量。哪知道父母没完没了地搓麻将，没完没了地会客，使我心情非常烦躁，父母怎么这样呢，要求我好好学习，可他们的行动能使我好好学习吗？我真不知他们是怎么想的。

案例2

高三同学李某对我讲：我很希望高三这一年抓紧时间把

功课复习好，可是家里的环境不行。尽管我的父母整天要我抓紧时间，努力好好学习，高考是人生的第一大关，通过这一关就好办事了，等等。可是爸爸妈妈下班后第一件事就是打开电视，而且将电视声音开得很大，特别是有球赛的时候，他们更是每场必看，看到高兴处时又喊又叫，他支持的一方没进球时又拍桌子大骂。我就是在这种吵吵闹闹的环境中复习，有时复习顺利的时候还可以继续下去，有时有些习题不会做，心里本来就挺烦的，也很着急，父亲喊叫、吵闹的声音使我急上加急，烦中加烦，这怎么能使我安心复习呢？父母说的和他们做的怎么不一致呢？

案例3

一位姓赵的考生对我讲：高三这一年爸爸妈妈太辛苦了，他们对我的关怀我永远难忘，他们这一年几乎没怎么看电视，除了看新闻联播外其他的都不看。天气好时他们就出去散步，目的是让我有一个安静的环境来复习，天冷的时候，他们就在家看看书，看看报，很少讲话，也很少主动给别人打电话，别人来电也是三言两语地该讲什么讲什么，没有那些寒暄的话。尽管爸爸妈妈没对我讲，要抓紧时间努力学习，但是爸爸妈妈的行动就是无声的命令，就是温情的力量和关心的力量，使我抓紧时间努力备考，心情愉快，学习效率高。结果这年我的高考总分比高三开始时高了70多分，本来高三开始时的模拟考试我只能上大学本科的，经过这一年的复习，我的成绩提高了70多分，结果考上了重点大学。这70多分的提高和各种因素都有关系，但是也有父母的一份功劳，他们的行动给我提供了非常温馨、舒适、安静的学习环境，确保我能安心学习，我非常感谢爸爸妈妈。

考生在高三备考的一年中，父母不宜多言教，当然也不要放弃对孩子必要的监督，孩子毕竟不完全成熟，也有可能会受到外界的引诱，比如说好看的电视剧他想看，一看就看很长时间，喜欢上网，一上网就忘了时间。所以父母要进行必要的、循循善诱的提示，这也是完全应该的。但是在一般情况下不要多讲这些大道理，讲多了孩子心烦，影响孩子的情绪，影响孩子的复习质量。

父母关键的是要以良好的行为来鼓励孩子，温暖孩子，激励孩子，给他们创造温馨、宽松、安静的学习环境，使他们能够安下心来专心致志地复习功课，提高学习效率。而且在整个复习过程中父母要多和孩子进行沟通，使得孩子有良好的心态来进行备考。

我建议，孩子在家时，家长打电话尽量简明扼要，不要聊家常，尽量少会客，春节以后，尽量少看电视连续剧，等等。

1.5 忽视心理健康

据我多年的调查研究，很多家长在高三这一年，特别是高考前，对孩子的身体健康状况非常重视，但是忽略了孩子的心理健康。

案例1

北京海淀区某考生佟某曾经对我讲过：高三这一年我希望我妈妈少唠叨，可是她那个毛病还是改不了，整天唠叨我使得我心烦。早晨上学唠叨我：上课用心听讲；回家吃完晚饭唠叨我：抓紧时间复习。她的这些话从我有记忆起几乎天天听见，心情好的时候也就没有什么妨碍，高三这年学习压力大，有些题不会做就心里很烦，我妈妈再这样唠叨，我的心里就更烦了。

父母应该在高三这一年多和孩子进行自然平等、朋友般的交流，使孩子产生温情感，能心态平和，这样有助于复习功课。而不能没完没了、不间断地重复同类的话，使孩子产生反感和对立情绪，造成心态不平和、心情烦躁，甚至与家长产生冲突，从而影响复习效果。

案例2

考生张某曾对我说：高三这一年父母经常为小事争论，一些鸡毛蒜皮的事情也大吵大闹，搞得我心情很烦躁，有时我母亲感觉受委屈的时候还让我评理。你说我哪有心思给他们去做裁判呢？他们各说各有理，都是鸡毛蒜皮的事情，没有必要去评论，而他们却看得很重要。他们应该清楚，他们应该少吵架、少拌嘴，给我一个安静的学习环境，使我安心学习，这才是他们应该重视的，也是对我的真正关心和爱护。

高三这一年里，父母尽量不要因为小事拌嘴，更不要因为小的事情而大动干戈，如果真是有原则性的问题非解决不可，那也最好推到孩子高考之后再进行解决。

有些家长感觉高考帮不上什么忙，就到处打探消息，听到一些小道消息就赶快告诉孩子。其实小道消息是相当不准的，都是误传误导，甚至是某些人根据自己的意向编出来的。孩子本来在平静的心态下进行复习，父母传来的一些小道消息却会使他的情绪波动。

案例3

北京朝阳考区考生宋某曾对我讲：我爸爸妈妈平时不爱打听小道消息，可是高三这一年他们到处打听，四方探问，每天都听到很多小道消息，回来之后就原原本本告诉我，我也分不出真假，搞得情绪很不稳定。例如他们在高考前十天告诉我，今年北京的数学特别难，是什么什么大学教授出的题，就是想通过数学来刷下一批人的，从而拉开考生成绩的差距。我本来数学成绩就是中等偏下，听到这个消息后觉得我的数学考试没戏了，心里好几天都觉得慌，对数学考试的信心也就减弱了。

高三这一年我建议父母按照考试大纲的精神传达给孩子就行了，其实考试大纲的精神孩子已经知道了，你也不必多讲；社会上的小道消息，听听就完了，你也不必给孩子传达，因为这些消息真假难分，而且大部分是错误的、不真实的消息，传达给孩子会搞得人心惶惶，情绪不安，影响学习，影响备考。

高三这一年父母的言行对子女的影响特别大，因为这时考生心理是比较敏感的，父母的言行、脸色、语气、微小动作都会引起孩子心态的反应。这一年家长的言行，对孩子的情绪稳定有意义，就去做，对孩子的情绪有波动的、会产生不良效果的，就不去做。

以上是我据多年研究，总结的考生家长考试前和考试中的五大误区，即过分保护，过分干涉，过分期待，忽视言传身教，忽视心理健康。这些误区都会或多或少给孩子造成心理压力，给与孩子的沟通造成障碍，影响父母与子女的关系，造成孩子的情绪不稳定。

因此，我建议考生家长要走出这五大误区。这是做一个成功家长的首要条件。

考生家长陷在五大误区当中，就会感到很困惑，感到很委屈，感到费力不讨好。自己心情烦躁，情绪也不好。自己不良言行不仅给孩子造成了不良的影响，也使自己陷入了困惑和沮丧之中。

家长走出五大误区，就会"山穷水尽疑无路，柳暗花明又一村"。家长应该做的就做，不应该做的就不做，该做的不做，影响孩子的心态，影响孩子的复习质量，不该做的做了，也影响孩子的心态，影响孩子的复习质量。

很多成功的家长，他们会在高考前，特别是高二到高三上学期注意学习、掌握孩子高考的心态规律，努力给孩子营造一个温馨和睦的家庭环境，使孩子以良好平和的心态去备考。

我建议，家长首先要有平常心，努力和孩子多进行交流，教会孩子一些调节心态的方法，等等。

二、帮助孩子复习功课做好六件事

　　向我咨询的家长中有人问：怎样帮助孩子复习功课？他们说自己文化程度不高，现在高中课本根本看不懂，怎么辅导孩子呢？看到孩子那么忙自己却帮不上忙，感到很对不起孩子。

　　我常对这些家长说：复习功课是孩子自己的事情，家长不能代替。但家长可以从复习方法、学习策略、学习习惯等方面帮助孩子，孩子有了正确的学习方法，有了良好的学习习惯，有了科学的复习策略就会提高学习效果，实际上等于家长帮助孩子复习了功课。

　　家长在帮助孩子复习功课方面可以做以下事情：

2.1 帮助孩子制订复习计划

　　高三这一年非常紧张，老师讲课速度很快，留的作业很多，有不少考生学习时没有计划，复习功课时东一榔头西一棒子，一会儿复习数学，一会儿复习英语，忙忙乱乱，效率很差，心情很烦躁。要想学得好，要想复习得好，要想有一个好的效率，就要有一个适合自己学习水平和学习进度的计划。家长可以帮助孩子制订复习计划，提供意见供孩子参考。

高三的学生应该有一个相对来说比较完善的复习计划，既有一月的复习计划，也有一周的复习计划，也有每天的复习计划。复习计划的要点是利用每天的复习时间，几点到几点复习什么功课，几点到几点复习什么功课。

复习计划的制订要留有余地，不要满打满算，比如说晚上7点开始学习数学，到8点后开始复习英语，这样太累了，当中应该有一个缓冲，比如说7点到8点复习数学，8点15分开始复习英语，这样数学复习完后喝口水缓缓劲，不要连续干。而且留有余地的目的也是为了确保一段时间计划的完成，7点到8点复习数学，万一还差一道题没有做完怎么办，留有余地，孩子就可以从从容容来复习，免得引出浮躁的情绪。

家长要指导孩子在执行计划时学会放弃，有的孩子死心眼，晚上7点到8点复习数学，有两道题不会做，难住了，他非要做出来不可，一个晚上所有的时间都耗在了这两道题上，搞得情绪很低落，其他课程复习的进度也受到了影响。要指导孩子把这两道题放一放，先完成其他科目的复习计划，完成了之后有富裕时间再来做。如果没有时间就放在明天或后天再做。

复习计划要兼顾全面,即每门课都要复习。有的考生对自己喜欢的科目就先复习,不喜欢的科目就放在后头;有的考生把自己的强项放在前面复习,越是这样,弱项的复习受到影响,弱项的问题始终得不到解决。

家长还应该要求孩子坚持计划,不要三天打鱼两天晒网。有的考生计划制订得很周密,但是只能执行两三天,过几天一遇到困难就放弃了,还像过去一样,放学回家后想做什么就做什么,喜欢做什么就做什么,结果由于没有计划,有些课程就没复习。

2.2 跟着老师步子走

高三的老师很敬业,他们和学生一样,都对高考非常重视。

但是有些学生对老师不理解,往往复习时自己搞一套计划,家长也赞同。其实,高三老师对高考考什么、不考什么、怎么考,都是有非常丰富的经验的,他们整天在研究讨论这些东西,他们最了解自己学生的情况,所以他们的部署一般都是对的。对老师部署有抵触情绪的考生,家长要引导孩子。(跟着老师的步子走不是说亦步亦趋,要结合自己的学习情况、学习水平、掌握功课的程度来跟着老师走。)

有的家长对孩子另搞一套学习计划表示赞同,甚至还添油加醋:你们老师不行,还是咱们自己来吧,爸爸给你请个家教。我们不是一概反对家教，但是，一个大学生或者一个不是教高三的老师，他要想帮孩子把高三的课程复习好需要下多少功夫？他有那个时间和精力吗？任课老师对自己的学生是了解的，因此应该根据老师的部署，再根据自己的具体情况，来跟着老师的步子走，基本上就能掌握高考所要求的知识和能力了。

　　有的家长道听途说，什么教辅材料好就买来，让孩子按照那上面的要求去复习。其实这是主次颠倒了，这样做往往会吃亏的，甚至吃大亏。

　　有的家长到处给孩子去搜集教辅材料，到处搜集解题技巧和方法。其实跟着老师走，把老师讲的内容掌握好、吃透了、会用了就是最好的学习方法，最好的学习经验。别的同学、别的老师的经验是要学习的，但是个人情况不一样，如果不能结合实际情况，而是机械地搬用，往往效果也不好。家长过多地去给孩子找资料，找回来一大堆，孩子感觉有压力，做也做不完，看也看不完，心里就急躁，孩子过多地做家长给找来的习题，会影响跟着老师走的步子，老师布置的作业没有做或者做不完，就会影响对老师下一步讲课的理解，影响进度。

　　家长不要在孩子面前埋怨甚至指责任课老师。孩子某门课没考好，有些家长不是从孩子自身找原因，而是一味指责：你们的物理老师就是不行，你看看什么学校的什么老师，人家教得多好，人家的学生考得多好。家长当着孩子的面指责任课老师，容易使任课老师的威严受到影响，在孩子心目中的地位下降，影响孩子在听任课老师讲课时的精神专注程度，从而影响孩子复习功课。

孩子某门功课没学习好，不要指责任课老师，而是要和任课老师多沟通，把孩子在家的情况和对这门课学习的态度与老师交换意见，取得老师的帮助。这是最好的办法。

2.3 家长少唠叨

实际上，家长在孩子复习功课的事情上直接帮不上什么忙，由于很多家长文化程度的限制，无法对孩子的学习直接进行帮助。家长给孩子创造一个安静、舒适、温馨的学习环境就是对孩子的复习帮忙。问题是不少家长在这个问题上帮了倒忙。

孩子在家里复习功课时，家长看电视声音一定要放小，最好孩子的房间听不到声音；看看新闻节目就行了，一些电视剧之类的节目尽量少看，因为你一看孩子就也想看，而且电视剧一类的节目看了这一集又想看那一集，他复习功课时就想下一集是什么内容了，容易分散他的注意力。

家长在孩子复习功课时谈论事情要声音小一些，不要大喊大叫；在复习功课时尽量少招待客人，来了客人也要减小声音。

家长也不要总是过去看孩子，问作业做完了吗？什么什么复习完了吗？其实家长不了解学校老师留的作业有多少，总是问，孩子会心烦，心烦就会影响效果。

2.4 提醒孩子要准备几个错误改正本

很多高考状元和成绩优秀者，当我问到他们的经验时，他们都会说到的一个方法就是：有几个错误改正本，比如数学错误改正本，每次考试之后（特别是大考之后），老师发下卷子后把错了的题抄在改正本上，然后再做一遍，把正确的答案写在上面。这就是自己学习的薄弱环节，抓住薄弱环节就抓住了复习的重点。高考前不必把每门课的教科书、笔记本、卷子都重新看一遍，重点把错误本上的题都看一看，做一做就行了。因为会的东西你考试都通过了，不会的东西都表现在错误本上，把这些东西再用心地看一看，做一做，就能查缺补漏地解决一些问题。

我觉得这个方法好，所以我建议家长提醒孩子准备错误改正本，这对提高孩子的学习效率、查漏补缺是很有好处的。

2.5 帮助孩子营造一个整齐有序的学习小环境

我与一位高考成绩很好的考生谈及复习的经验教训，他说：影响高考复习的因素很多，但我感受最深的，是要有一个整齐有序的学习小环境。我很抓紧时间，也很用功，但我有一个毛病，东西放得乱七八糟，书、笔记本、卷子到处乱放，这对复习功课非常不利。乱七八糟的一看就烦得慌，本来学习压力就大，再看这些乱放的东西更烦，一烦就影响心境，影响复习功课的效率。

再说，东西放得乱七八糟的，想找什么东西找不着，越找不着越急，越着急心里越烦，烦、烦、烦，烦到何时了。有一次我找数学练习的改正卷，明天要交上去，我怎么也找不到，找了半小时也没找到，我就请我妈妈帮我找，还是找不到，后来我爸爸也过来一块找，我们三个人将近一个小时才找到，它夹在数学课本里。

我爸爸很看重这件事，他让我妈妈帮我营造一个整齐有序的学习环境。我爸爸说：一个整齐的学习小环境可以使人心情舒畅，心胸开阔，可以静下心来复习功课，能帮助孩子承受学习的压力。杂乱无章的学习环境不仅浪费时间，消耗精力，而且还会感到心情不舒畅，不痛快。

我妈妈首先和我商量有没有必要这样做，我很赞成，因为我深受其苦。

首先，我妈妈帮我把教科书、辅导材料、笔记本、卷子分类放好，然后各类物品又以科目标记，比如教科书当中的数学教科书、英语教科书、语文教科书都有明显的标记，放的时候按照语文、数学、英语、物理、化学、生物这样的顺序放，用完之后，还按照这样的顺序放回去，教辅材料、笔记本、卷子等也是这样按照顺序放，这样想找什么一下子就能拿出来。而且也可以养成一个好习惯，什么物品用完之后，还按照原来的顺序及时放回。建立了这样的小环境后我心情比较好，不像过去一看见笔记本、卷子心里就烦，就郁闷，现在感觉很轻松，可以有序地进行复习，这样不仅增强了我学习的信心和力量，而且也提高了我的学习效率和复习效果。

王同学说，他的同学当中像他过去那样学习环境差，桌子乱七八糟的人很多，他的同桌就是书本乱放，甚至把书本放到他的桌子上来，有时找东西也到他的桌子上来找。

总之，家长帮助孩子建立一个整齐有序的小环境，会有助于孩子心情舒畅，安下心来复习功课，提高复习效率。

2.6 远离复习误区

有些考生复习的态度、方法和思路等方面存在问题，走入了高考复习的误区，造成效率低、成绩提高不显著，并影响了心态。

家长要注意观察，因势利导，防止和摆脱孩子高考复习的误区。

2.6.1 误区1 题海战术

有些考生追求做题数量，搞题海战术，认为题做多了就会考得好，题做得多了才能各种题都会做，他们大量地、没完没了地做题，老师布置的题做完了，就做教辅材料上的题，各种各样的卷子都做。这类同学只重视做题的数量不重视做题的质量。

题做多了并不是坏事情，但是总要有一个限度，不是做得越多越好。这类同学常犯一个毛病，只管做，做一道算一道，做完就玩，做得时间长了有时心里也很烦，心想，什么时候才能做完，海淀的试卷、东城的试卷……看看还有那么多的试卷没有做，心中就发毛发急。

其实真正考得好的人，并不在于题海战术，而在于适当地做题。做几道同类型的题，就进行思维上的梳理，找出这一类的做法和规律，以后凡是遇到这一类的题就都会做了。他做了三道题就总结出解题思路、方法和规律了；可有的同学做了30道甚至是100道也没找出思路，也没总结出方法和规律来。

因此考生家长要提示孩子，题是要做的，但不是越多越好，不要追求数量，在做题的过程中要善于总结归纳，找出这一类题的规律，举一反三、触类旁通。

2.6.2 误区2 忽视基础、偏重攻难

有些考生不是按照考试大纲把最基础、最基本的知识掌握好，而是片面追求攻难题、偏题、怪题。

难题对那些考重点大学的同学来说是一定要做的，难题做好了才能拉开高考分数的距离。但是难题要做好，必须是在掌握了基础知识和基本能力的情况下进行的，不是凭空专门去攻难题就能攻下来的。没有基础知识、基本能力做铺垫，难题是攻不下来的。

有些考生本末倒置，不是先把基础知识、基本能力训练好，而是一味地去做难题、偏题、怪题。

在高考复习过程中，家长要提示孩子，不要误入攻克难题、偏题、怪题的误区，要打好基础，一定要按照高考大纲的要求，把基础知识掌握好，基本能力训练好，这样不仅一般的题都能解出来，而且难题也有可能解出来。

2.6.3 误区3 过分抓紧时间

高三这一年是学生拼命的一年，就是那些过去不知道用功的贪玩学生也知道时间的宝贵了，也要抓紧时间学习拼一拼了。

有些考生过分重视时间，分秒必争，不吃不睡，每天晚上挑灯夜战到两三点才睡，早上起来连早餐都不吃，跟爸妈说句话都认为是浪费时间。但这样效果并不好，他们挑灯夜战，夜里两三点睡觉，白天上课时注意力就集中不起来了，两眼也睁不开，就

更别说听老师讲课了。其实老师讲的是最重要的，老师都有丰富的经验，他们对考试大纲和高考内容都了如指掌，他们一堂课的内容比学生在下面自己看几个小时的书作用还大。

那些早上不吃饭的同学就是为了抓紧时间多学点东西，结果造成血糖低、心慌、出虚汗，影响听课效率，影响学习。

家长对只抓时间不抓效率的孩子要引导，对珍惜时间给以鼓励和肯定，同时要跟孩子讲明时间和效率的关系，要做到既抓紧时间，又强调效率，这样才能学习好、复习好，将来才能考得好。

高三上学期适当强调抓紧时间还是有必要的；但到了高三下学期，要强调的是时间和效率并重，到了5月份以后，更应该强调的是效率了。

家长要让孩子务必在12点前上床。

我强调效率并不是忽视时间，比如有的考生投机取巧，认为有了效率，有了什么解题的绝招，少做题、少复习也能考得好，其实这是不可能的。不付出一定的劳动，不掌握基础知识，只有考试技巧就想考好实际上是一种投机心理，也不可能考得好。

我在这里特别强调的一点是，相当多的考生在复习的最后阶段，特别是四五月份，不少人都进入了抓紧时间忽视效率的误区。家长要特别关注这个问题，防止并帮孩子克服这个复习误区。

2.6.4　误区4　重视记忆、忽视理解

有些考生的复习方法还是过去的老方法——死记硬背。他们

认为记得多就会得多，就能够考得好。基础知识只有牢记才能运用自如，但是要记得牢就得理解，不能死记硬背。

特别应该说明的是我国高考改革从1999年开始启动，改革的内容很多，主要有四个方面，其中最主要的内容是高考内容改革，侧重考核素质和能力。是通过试题解答来考核学生素质、考核学生能力。

因此掌握基础知识是非常重要的，基础知识需要通过理解来把它记牢，因此，我们不能不加分析地反对记忆，我们不赞成的是死记硬背。我们强调的是在理解的基础上去记忆，而不是单纯的死记硬背。

关于记忆在高考中的作用问题，要防止两种倾向：

一种倾向是死记硬背，认为只要把知识背会了就能考得好。实际上并非如此，因为高考注重考核素质、考核能力，只是记忆好不一定考得好。当然记忆也是一种能力，但是高考考的不仅是记忆的能力。因此在高考复习过程中，片面强调记忆的作用，夸大记忆的作用，对高考是不利的，要防止和进入这个误区。

另外一种倾向就是忽视记忆的作用。这也是不对的，记忆毕竟是基本能力之一，而且是获得掌握知识的最基础的能力，没有记忆就没有知识。

1999年以后高考强调实践能力，强调解决问题的能力，这就不仅要有知识记忆的积累，而且还要有实践能力、创新能力、思维能力、综合能力等。

　　因此，同学们在高考复习中既要注重记忆力的培养，又要重视其他能力，特别是思维能力的训练。在掌握知识的过程中全面提升各种能力，确保高考成功。

2.6.5　误区5　注重小道消息

　　有些考生和家长在高三阶段中很注重打听各方面的小道消息，甚至把小道消息视为官方文件，而对政府指令性的东西却轻视。

　　这样就会在高考方向上有所偏离。例如，高考考试大纲是考试的法定文件、指导性文件，高考考什么，大纲上都说得清清楚楚。有的考生不仔细去看高考大纲，而是听一些小道消息，听所谓的高考试题趋势之类的报告。当然那些东西也可以参考，也可以从当中受到启发，但是最主要最根本的是把握考试大纲。有的考试趋势报告也可能讲得不错，而它之所以讲得不错，是因为作报告的人吃透了考试大纲的精神才能有所发挥，才能对考生有所启发。

　　考生要了解当年高考都考什么、怎么考，最重要的是要吃透当年的高考考试大纲，这是法定性文件，凡是符合高考考试大纲的东西你都要参考，违背高考考试大纲的东西你都不要听他的。

　　考生和家长只要吃透了考试大纲说明的精神，就有了主心骨，就能心平气和、全力以赴地按照高考考试大纲的要求去复习功课、备战高考，就不会受到各种各类小道消息的干扰，也不会被小道消息左右，使考生六神无主、心神不安。

家长最好先看一遍高考考试大纲，心中有数，这样听了其他小道消息你才能有鉴别力，如果与考试大纲精神相违背就自觉地去抵制，而且帮助孩子去抵制它，不要受到误导。

2.6.6 误区6 面面俱到，忽视抓重点

在高考复习过程中，不少学生过于强调知识的系统性，面面俱到，每一个知识点都不放过，甚至偏题怪题也钻进去。

是的，我们在几轮复习过程中，特别是在第一轮的复习过程中，要强调知识的系统性和完整性，要建立知识的体系，但这并不意味着去钻那些偏题，也不意味着要面面俱到。我们同时要强调抓住重点。有的考生说：怎么我都复习到了，脑子里却是一片糨糊。那你就是没掌握重点，没抓住纲。只有抓住纲才能纲举目张。知识的网络体系就在纲的基础上建立起来了。

在全面掌握知识的同时要强调抓重点，要主次分明，这样使知识在用的时候能马上从大脑中提出来，提高运用知识解决问题的能力，才能有好的成绩。

2.6.7 误区7 重综合、轻分析

高考对文科学生要进行文科综合的考试，对理科学生要进行理科综合的考试。不少考生误解文科综合就是考核文科的综合能力。是的，文科综合也好，理科综合也好，是要通过试题来考核

学生的综合能力，但不仅如此。不少同学把综合和分析割裂开来，其实综合和分析是对立统一的，没有分析就没有综合，没有综合就没有分析。

而且综合是在分析的基础上进行的，人的综合能力是在分析能力的基础上发展起来的。历年来都有些考生过于看重对综合能力的考核，而忽视了对基础知识的掌握和分析，造成过多地去钻研学科之间综合的题目，而忽视了单科基础知识的掌握与分析，造成高考失利。每年都有很多考生由于进入了重视综合、轻视分析的误区，而导致高考文综或理综考得很差。

每年高考前我在给考生进行心理辅导的时候都要强调，要考好理科综合和文科综合，不要片面地理解"综合"，一定要在把握各门课，例如理科的物理、化学、生物，文科的历史、地理、政治的单科基础上，在分析单科的基础上去进行综合，这样才能考得好。

《分析能力和综合能力在高考中的作用》是我的一项研究，其研究结果表明：分析能力排位在综合能力之前。

三、帮助孩子调整心态的八个要诀

> 案例

一位郭姓家长对我说：我的儿子很用功，上高中以来，每天都是早上6点就起床，晚上12点才睡；到高三下学期的时候就经常是夜里一两点才睡觉，个别时候到三四点才睡觉。可谓是一个非常刻苦的孩子了。

这个孩子不讲究穿不讲究吃，给什么穿什么，给什么吃什么，从不挑剔。他也没有什么业余爱好，从不和同学们攀比，我看他们同学都有手机，我说给他也买一个，他却说不要，有手机太耽误时间，我问他为什么，他说别人发来短信你就得回，发来发去会浪费不少时间，影响功课的复习，影响集中精力。

孩子学习刻苦，成绩很好，在学校的大考中成绩排在10名之内。他们学校还是省里的重点学校。以他的成绩考上重点大学问题不大。他们老师常说：你要是冲一冲、拼一拼，上北大、清华都行。

我和孩子他妈都认为他考上某某大学没有问题，因为他基础扎实，又很用功。可是高考前十天发现这个孩子有些浮躁，有时站起来东看看西看看，有时坐在那里不是在想问题，而是两眼发直。我跟他妈妈说：这孩子怎么精神不对头，但这个时候也不好直问孩子，怕万一孩子更紧张，更恐慌。他妈妈说：给孩子吃点补的东西调理调理吧，结果吃了许多也没有见效。高考前的一晚上，孩子夜里两点还没入睡，翻来覆去，一会儿起来开灯喝口水，一会坐起来又躺下，躺下又坐起来，躁动不安。

第二天参加高考时他讲：进考场后感觉两腿发软，心发毛，本来进考场时想跟监考老师打个招呼，但是紧张得不知所措，连看一眼监考老师都不敢，急忙找到自己的座位坐下，只觉得心里怦怦直跳。卷子发下来后，写字的手都直发抖，答题时一遇到稍微难点的题就心里发毛。他在忐忑不安中度过了这几天。

高考结束后他在家里待着，不出门也不说什么话，睡了几天觉。后来他妈妈问他，他才说我填志愿报了北大，我觉得自己的实力如果发挥正常还差不多，但感觉太紧张了，压力太大了，高考前一想起这件事心里就发毛，考试时一遇到难题就想，这回北大没希望了，我心里实在是压抑得喘不过气来。我这次考得很不理想，平时会答的题这次也没答出来。

高考分数出来以后，他的成绩非但上不了北大，连该省的重点线都没过。这使得他和他的父母大失所望。

为什么一个刻苦努力、成绩优异、上重点大学毫无问题的孩子最后却不但没考上北大，连重点大学的提档线也没过，答案很显然，孩子的心态太差，高度的紧张，产生的恐惧心理牵累了他，使他发挥失常。

3.1 家长帮助孩子调节心态须知

3.1.1 每个孩子都有心理问题

帮助孩子调整心态，是因为孩子的心理经常会出现问题。

心理问题人人有之，无论是成年人还是中学生都会有心理问题。心理问题就像头疼感冒一样，哪个人一生没有感冒过，哪个人一生没有心理问题？因此我们家长不要把心理问题看得像洪水猛兽一样可怕，看成是不可救治的。

心理问题如果长期存在不加以解决，小问题可以养成心理障碍甚至心理疾病，对孩子学习和生活造成更大的危害。就像头疼感冒一样，如果一个人经常感冒，又不治疗也不防范，就有可能养成大病；而且经常感冒，免疫力下降，对人体健康危害很大。

不过从目前中国的情况来看，多数家长对孩子的身体健康很重视，但对孩子的心理健康较忽视。应该说有相当多的家长不知道什么叫心理健康，认为孩子只要能吃能睡、少感冒少生病就是健康。其实并非如此，人们的健康是由身体健康和心理健康两部分来组成的，一个人如果只有身体健康，心理却不健康，就不算是一个健康的人。

希望家长不要把孩子的心理问题看得过于严重，但也要重视孩子的心理问题。

心理问题会影响孩子的身体健康，也会影响孩子的学习成绩，还会影响孩子的高考。

3.1.2 家长的心理问题会影响孩子的心理

一般说来，家长的身体健康对孩子的身体健康影响不大，比如说一个家长有胃病，孩子不一定有胃病，家长腰疼，不一定孩子也腰疼。可是心理健康就不一样了，家长的一言一行、一举一动都会通过暗示、模仿、感染的心理机制，影响孩子。

我们常说，家长是孩子的第一任老师，家庭是孩子的第一所学校。确实如此，孩子的不少心理问题确实是来源于父母的暗示，受父母的感染，或者在不经意间模仿父母而来的。心理问题是后天的，受环境的因素影响很大。家长是孩子最亲密的人，孩子最容易受到家长的影响。

例如，一个女孩一遇到困难，一遇到难题就愁眉苦脸，甚至掉眼泪。她的妈妈就是这样，有点什么困难就唉声叹气、掉眼泪。其实她妈妈这就是有心理问题，女儿跟妈妈在一起时间久了，也患有跟妈妈一样的心理问题了，是从妈妈那里感染模仿而来的。

有个高中二年级的学生，脾气很暴躁，无论对谁，甚至和他的妈妈说着话就翻脸。他经常在爸爸的身边，他爸爸的言行就逐渐对他产生了感染。

因此，我在这里强调，想要孩子的心理健康，家长首先要心理健康。家长一方面要预防自己出现心理问题，另一方面要把自己已有的心理问题尽量改正，尽量解决。

学生的心理问题是影响学习成绩与高考成绩的关键因素。有很多家长跟我讲：王老师，我孩子挺用功的，起早贪黑，我没看见他玩，也没看见他看电视，整天坐在桌子前不停地写、不停地看，可他的成绩就是上不去，我原来认为这孩子是不是有女朋友了？可是观察了一段时间，也没有女孩子给他打电话，他也很少给别人打电话，有电话也都是同学之间学习的事情，这孩子也不上网，学习很自觉，就是成绩上不去，我真不明白，王老师，难道这孩子就是笨？可是我觉得他也不笨，办什么事都很明白很认真，成绩怎么就是上不去呢？

我问他妈妈：你看他坐在那里都写什么，看什么？他妈妈说：这孩子就是有点磨蹭，同一道题他翻来覆去地做，写了好几张纸还不行。他不放心，明明知道已经做对了，但就是不能控制，就是想再做，做了一两遍不放心，就做了三四遍。

我说：这孩子可能存在心理问题，叫做强迫现象。什么叫强迫现象呢？不该想的总是想，不该做的总是做，还控制不住自己。

孩子为什么会出现这种现象？原因很多，其中一个很重要的原因是，我们的学校教育和家庭教育过于严格，采取了一些不适当的方法促使孩子形成了强迫现象，比如，有的老师规定学生要错一罚十，错过一道题，要连做十遍。

我儿子上小学的时候，就遇到过这种情况。有一天我看他在写英语单词，很简单的词他翻来覆去地写，我问他。他说：学校里考试，写错了的单词，老师罚我们回家每个单词写多少遍。

我们家长有的也采取这种方法，错一罚十，你错了一道题，好，我不让你玩，你再给我做十道或是再做十遍，我让你长长记性，看你以后再马虎。

这样的惩罚性教育方式，导致了孩子心理上出现畸变，再加上有些孩子性格比较内向，对自己又求全责备，想追求高分数，在这些综合因素的影响下就有可能使孩子形成强迫现象。

孩子出现了强迫现象，他一道题做五遍，人家一道题做一遍，这效率差好几倍。而且不只是做五遍的问题，做的遍数多了，越做自己心里越烦，不做心里还难过，自己又控制不住。你想想，孩子在这种状态下能提高学习成绩吗？

当然孩子的心理问题还不仅是这些，我只是举这样一个例子。

可见心理问题是影响学习成绩的一个重要因素；在高考中，心理问题同样也是影响成绩的一个关键性原因，什么叫发挥不好？发挥不好主要就是心理问题，平时能达到的成绩，高考时达不到了；常见的考试心理问题很多，最主要的是高度紧张、高度恐惧，所谓的考试焦虑，脑袋蒙了，一看到卷子脑袋里一片空白，一片空白还能答出题来吗？极个别的人甚至晕过去了，怯场了。

每年高考都有这种现象发生。有一个考生平时成绩很好，可他连续四年高考，一到考试就不行，什么毛病？一到高考拿起笔来手就发抖，只是一个劲地想写点，什么也写不出来，答不到出题者想要的答案自然不得分，连考四年都考不成，平时在学校考试一点问题都没有，手也不发抖，写得很流畅。这就是高度心理恐惧导致书写痉挛，只能用笔点敲着试卷，想写也写不出来。

我们家长都很重视孩子的学习成绩，都很重视孩子的高考，但是落实首先要重视孩子的心理问题，帮助孩子解决心理问题。要明确认识到心理问题是影响孩子平时成绩、影响高考的关键因素。

3.1.3 心理问题自我调节解决

无论是成人还是孩子，一般心理问题，都可以通过自我调节来获得解决。实际上我们在生活中会经常发生心理问题，大多数也是通过自我调节来解决的。

我认为家长没有必要在孩子有一点心理问题时就紧张得不得了，带着孩子去看心理医生。心理医生解决的是心理疾病，一般的心理问题是正常范围内出现的问题，通常没有必要去找心理医生。

有一年，有的家长看到媒体上宣传考试焦虑对考试的危害，不少家长问孩子：你紧张不紧张？孩子说紧张。走，咱们去看心理医生吧。

其实高考前孩子有点紧张反而有时会促进警觉性，提高和帮助孩子潜力的发挥。高考前如果疲疲沓沓，无所谓，麻木不仁，吊儿郎当，那是没进入状态，没有一定的紧张度怎么能保证正常发挥呢？就像百米赛跑一样，都喊预备了别人都蹲下去了，准备往前冲了，你说不紧张、无所谓，你还在那站着，等枪一响，你能冲出去吗？

其实考试焦虑指的是高度紧张、高度恐惧，吃不好饭，睡不好觉，坐立不安，六神无主。不是说有点紧张或者有点心慌就算是考试焦虑。如果是有点紧张家长就带着去看心理医生，结果到了医生那里，人多排队很长，相互交流，你怎么紧张，我怎么紧张，相互暗示，相互感染，不但没有解决问题，反而在那种气氛下使孩子体验到考试焦虑了。

我强调孩子的心理问题自己解决，不等于说我们放弃积极地引导孩子。帮助孩子自我调节，首先我们要看孩子有没有心理问题，怎么样帮助解决。无论用什么方法，我觉得前提条件是让孩子把闷在心里的话说出来，这是孩子进行自我心理调节的第一点，如果有事总是闷在肚子里不说，越憋越闷，心理问题越严重，解决起来就会比较困难。所以，家长以平等的身份，尊重孩子，经常和孩子交流是很重要的；不要搞得很严肃，我是你爸爸，你就得听我的。孩子看爸爸的眼色办事，爸爸一严肃孩子就不敢讲话，在那样的家庭气氛下，孩子很难会有一个开朗、活泼的个性。

3.1.4 调节心态贯穿在一生

高考时孩子的心理问题可能多一些，严重一些，这时更要帮助孩子调节好心态。

但孩子的心理问题不是高考时才有的，很多心理问题过去就有，只不过高考时又出现了而已。所以家长帮助孩子调节心态是贯穿在孩子一生中的。

小孩子的心理问题比较少，他什么事都不懂，也没有面子的问题，自我冲突很少，所以心理问题相对来说比较少。我曾经看过一个小学一年级的学生，是个小男孩，放学后憋不住尿了，站在大街上就尿了起来。如果是一个十几岁的男孩无论如何也不会在大街上尿，他有羞耻感，六七岁的就无所谓。

随着年龄的增长，特别是小学五年级的学生将面临着升学问题，学习压力越来越大，可能心理问题就会多起来。

到了中学特别是初二以后，进入了青春期，又面临着中考等越来越多、越来越大的社会压力，越来越重的学习负担，心理问题可能也会多一些；到了高中，特别是到了高二下学期和高三，高考摆在了面前，这是一个很重大的社会刺激因子，学生的心理问题也会多起来，这都是可以理解的。

同样，进入了大学也会有心理问题，大学有大学的环境，会产生新的心理问题。

人的一生当中就是在防止与克服心理问题过程中度过的，家长千万不要认为一次解决心理问题就一劳永逸了。既然不能一次解决，那就要求家长在帮助孩子解决心理问题的过程中不断积累经验、总结经验，让孩子的心理健康水平逐渐提高，能适应各种环境，而且在遇到挫折的时候能面对现实采取有效对应措施，较快较顺利地度过困难时期，尽早取得与社会、与人、与环境的心理平衡。

家长在帮助孩子调节心态的过程中，要逐渐使孩子学会独立解决自己的心理问题，不要产生依赖心理，事事依赖父母，这本身其实就是一种心理不够健全的表现。

3.2 心态制约考试成绩

家长怎样帮助孩子高考呢？

我觉得家长帮助孩子高考的第一件事就是帮助孩子调整心态。

我从1996年开始研究高考。我用编制的中学生心理健康量表对近4万中学生进行了心理健康测试，测试结果表明，大约有32%

的中学生存在不同程度的心理问题，这些心理问题与学生的学习成绩有密切的关系。

我的研究表明：心理素质水平与考生的语文、数学、英语的考试成绩成正比，换句话说心理素质越好的学生的语文、数学、英语的成绩也越好。

不少学生非常努力，非常刻苦，经常挑灯夜战，但学习成绩就是上不去，究其根源是存在心理问题。例如，存在强迫现象、偏执、敌对、人际关系敏感、焦虑、抑郁、学习压力大、适应不良、情绪不稳定、心态不平衡等，这类现象的问题都不同程度影响孩子的学习成绩。

> 案例
>
> 有一位家长在电话里跟我讲：我的儿子在北京某中学初二念书，他很努力，学习成绩也很好，我们准备让他中考试报北京四中（北京四中是北京市最好的重点中学之一）。近来我发现儿子成绩非但没上去，反而下来了，他总是在桌子前埋头做题，并不出去玩，也没有电话干扰，星期六，星期天整天都在桌子边忙，每天下学回来到晚上11点睡觉也都一直在那里忙，怎么成绩还是上不去呢？我最近发现他做完一道简单的题后翻来覆去地检查，我问他你干吗一道题做好多遍，他说：我就怕错，错了怎么办？

孩子这毛病逐渐严重起来了，甚至到了每天的作业都完成不了的程度，因为他总是在每道题的结果上翻来覆去地验算，丢了很多时间，你让他做完检查一遍就行了，他说：不行，我感觉难受，我还得查。

这个母亲跟我说：王老师，你看这是什么毛病？我该怎么办？从她的叙述当中我觉得这个孩子有强迫现象，什么强迫现象呢？不该想的总想，他控制不住，不该做的总做，他也控制不住，很简单的题，做完一遍就可以了，检查一遍也是应该的，检查五遍、六遍、七遍……十遍，翻来覆去地检查，不检查还难过，这就是强迫现象。强迫浪费你的学习时间，降低学习效率，使得你心里难过。

我的研究结论是：调整好心态是高考成功的一半，调节好心态也是中考成功的一半，调节好心态是考试成功的一半。

那么家长怎么帮助孩子调整心态呢？

3.3 以平和的言行感染孩子

有一位女孩今年18岁，不少同学都说，她走路的姿势是她妈妈遗传给她的。她走路时一扭一扭的，很多同学认识她妈妈（因为她常常带同学到家里去），她妈妈走路一扭一扭的，所以她们班的同学都说：你妈妈的遗传给你了。

其实走路姿势不是她妈妈遗传给她的,而是她妈妈的行为通过感染等心理机制影响了她。她小时候跟妈妈出门时看到妈妈在前面走路时一扭一扭的,她在后面走起来也就一扭一扭,逐渐就养成了这个习惯。

有一位高三学生,他父亲说话时总是没开口就先咳几声,同时右手还使劲往下甩。这个高三学生也是这样,在说话前先咳嗽几声,他们同学说:你是啥毛病,手还这样往下甩,甩什么。他跟同学说:我这已经成习惯了,我不咳几声就说不出话来,我不甩手就感觉说话很没有力气。同学说:哪学来的臭毛病。听了同学的话这个孩子就急了。他说:这习惯是从我爸爸那学来的,我爸爸就是这种习惯,我不知不觉也养成了这个习惯。

这个学生还是明智的,他知道他的习惯不是他爸爸遗传给他的,而是他从他爸爸那里学来的。

北京有位考生姓赵,高考前很紧张,因为他平时成绩很好,但一模时他没考出水平来,他的心里就犯嘀咕,因为通常说一模反映了高考成绩,一模是高考的实战演习,他感觉心里没了底。结果二模又没考好,连一模的水平也没有,而且通常二模的题比一模容易,他的心里更紧张了。回到家里不怎么说话,平时在班里跟同学说话也不像过去那样从容了。心里常想:高考时再考不出水平来就对不起自己的父母,也对不起自己的努力。

这个考生的父母解决问题的方法比较好。后来他跟我说:

这些情况和爸爸妈妈都说过，他们知道后没有批评一句，我爸爸说，有实力终究会发挥好的。父亲说的话让我感觉很实在，他没因我一模、二模没考好而情绪低落，他和过去一样总是乐呵呵的，和我说话很和气，看见他的神态我也感觉到鼓励，每当我心情郁闷的时候，看看我爸爸就感觉有了希望，有了光明。特别是高考的前两天，我爸爸还像平常一样的谈吐，而不像有的家长千叮万嘱。他以一颗平常心来看待高考，这对我的影响很大，我想，我一定会发挥好，我爸爸说了，有实力就能发挥得好。我爸爸镇定自如、充满信心的状态给了我很大的精神力量。6月7号我以平常的心态独自一人去考场，在去考场的路上我心里默默念：有实力就能发挥好，有实力就能发挥好，有实力就能发挥好……第一场语文考下来觉得考得不错，心里更加踏实了，以后几门课考得好发挥都很正常，我终于考出了600分以上的高分，我喜出望外，实现了我报考第一志愿的愿望。

这次高考前虽然遇到了挫折，一模、二模没考好，但是我爸爸的言行，特别是他神情，他的精神状态给了我巨大的精神力量，鼓励着我，支持着我，终于使我坚定了信心，在高考中正常发挥，实现了自己高考的理想。

暗示、模仿、感染的力量是巨大的。父母的一言一行通过暗

示、模仿、感染会给孩子重大的影响。

家长要调节好孩子的心态，首先家长要有良好的心态，家长要使自己的心态保持积极平和向上。家长如果有不良的心态，就应及时加以调整改变，这不仅对自己身心健康有利，而且对孩子心态的调节也很有帮助。

父母对孩子过高的要求对孩子会产生心理压力，感觉考不好对不起自己的父母，有负疚感、惧怕感，不利于高考，不利于发挥。

家长，特别是母亲唠唠叨叨，会使孩子心情烦躁、心绪不宁，影响复习效率，影响高考成绩。

父母沉默寡言、精神抑郁会给孩子心理蒙上灰暗的色彩，使孩子精神不振，信心受挫，使孩子的潜力难以发挥，影响高考，影响成绩。

父母的情绪忽高忽低、忽冷忽热，容易左右孩子的情绪变化，使孩子的情绪不稳定，影响复习的质量，影响高考的发挥。

父母对孩子的高考丧失信心，精神萎靡不振，易使孩子看不到前程，看不到希望，影响高考成绩。

要使孩子心态好，家长首先要心态好，要调节孩子的心态首先家长要调节自己的心态。

我们家长对孩子的课程学习的提高，对孩子高考复习质量的提高往往无能为力，但可以通过自己的良好心态去感染孩子，去鼓励孩子，这就是为孩子高考帮忙，这就是为孩子高考加分。

3.4 营造安静、宽松、和谐、愉快的家庭氛围

家庭的居住条件有宽有窄，有的家庭面积很大，有的家庭很拥挤。这些条件对孩子高考没多大影响。房间不在于大小，而在于家里是否有一个宽松、愉快的氛围。

有的考生家里住房越来越宽、越来越大，可是父母之间的拌嘴斗气越来越多，越来越盛，有的考生家庭居住面积很窄，但是他们心态很好，心里很愉快。

广东省高考状元王某某，家也就是40平方米的屋子，家里父母的床和女儿的床在一间屋子里，两张床的距离只有一米宽，生活也不富裕，但家里的气氛好。有人家里住着100平方米或是200平方米的房子，但家里不是热战——唇枪舌剑，就是冷战——沉默无言，冷眼相待，这两种家庭哪种家庭有利于孩子学习是可想而知的。

北京某中学生乔某高考后跟我说：

> 王老师，我这次考得不错，和家里的环境也是分不开的，晚上在家里复习时爸爸妈妈只看看新闻联播，其他的什么也不看了。他们或是出去遛弯，或是在家里各看各的书。看新闻联播时就是大热天也把门关上，生怕影响我，所以家里非常安静。而父母的关系也非常融洽，我的印象里整个高三下学期他们没有拌过嘴，他们之间说话都相互尊敬，他们对我也很爱护，我对他们也很尊重，家里的气氛非常温馨，

这给我的高考复习也带来了好的作用。有时我的题没做完心里挺烦的，但看到爸爸妈妈大热天的还坐在那里看书学习，特别是我爸爸戴着老花镜边看书还边在笔记本上做记录，看到这些情景我的不良心绪很快就消失了。

我觉得父母对我的帮助主要不是教我们怎么学习，教我们怎么解题，那不是他们的任务，他们学过的东西也早忘掉了。我觉得很重要的一点就是他们为我营造了一个宽松、愉快的家庭气氛，这就是对我的帮助，这就是对我的爱护，这就是对我的高考的支持。他们帮不了我们做作业，但是却比帮我们做作业的作用还大。

良好的、宽松的、积极向上的家庭气氛有助于孩子以平和的心态、稳定的情绪进行复习，去处理问题。家庭宽松的气氛有助于孩子发掘自己潜在的心理能量，有助于孩子提高复习速度，有助于孩子复习质量的提高。

北京市某中学一位高三考生白某对我讲：

王老师，我这次高考没考好，原因很多，在我高考复习期间，特别是5月底6月初在家备考期间，心情不好。我爸爸妈妈也不知道为什么，越到这个时候越吵，越拌嘴，都是些鸡毛蒜皮的事，一说话就没好气，处处较劲，事事争辩，家里充满了火药味。本来我心里就挺烦的，题没做完，有的题不会做，心里不痛快，可常常在这时候父母就开战了，相互之间机枪加迫击炮的战火硝烟，使我难以安下心来进行复习。

　　他们也是很关心我，也希望我能考好，给我买保健品买营养品，可是他们却不知道最重要的还是我的心态，还是我的情绪，他们都那样吵，那样闹，能使我安心学习吗？能使我有一个清醒的头脑来复习功课吗？真是火上加油，烦上加烦，咳，这次高考没考好也是命中注定的。

家庭紧张冲突的氛围使孩子情绪不稳定，情绪低沉，心情不好，难以复习好。

我这里特别强调一下，能否创造一个安静、温馨、宽松的家庭氛围，关键在于家长的心态，关键在于家长的态度，而不在于家长是否拥有宽敞的房屋和金钱的多少。

我曾经访谈过300多个省级高考状元，他们的家庭大部分都是工人、农民、自由职业者，他们的生活并不富裕，有的人家居住的面积很小，但他们为孩子创造了一个比较安静、宽松、温馨的家庭氛围，给孩子高考创造了有利条件。

3.5 平常心对待

　　家长无论是在高三这一年还是在高考前后，都要以平常心对待高考、对待孩子，这也是帮助孩子调节心态至关重要的事情。

孩子一进入高三，有些家长就精神紧张起来，谈论的话题整天是考试、高考，看见什么参考书就给孩子买，看见别的家长买什么教辅材料也跟着买。有的家长客气地建议孩子做一些那上面的题；有的家长很武断，强迫孩子做某某学校的题。其实我们家长对这些都不太懂，这些事情都不必我们操心，我们操心也太宽了。做什么题是学校老师职责范围内的事，我们不要瞎帮忙，帮倒忙。

3.6 做好孩子的心理健康测试

家长在平时，特别是在高三这一年，要定期对孩子进行测试。对孩子进行心理健康测试，并保留测试的结果，以建立心理健康档案，对家长和考生随时了解自己的心理健康状况，并且针对性地采取有效措施来调节心态是非常重要的。

心理健康测试和身体健康检查一样，有时候觉得身体不舒服，但是也说不出什么毛病。有人感觉腰疼，究竟是什么原因造成的腰疼，是劳累造成的腰疼还是劳损造成的腰疼，或是肾脏有病造成的腰疼等，都不太清楚，如果进行必要的身体检查，明确是什么原因造成的腰疼，然后再采取有效的措施去治疗、防患，效果就会很明显。心理健康也是一样。

我编制的中国中学生心理健康量表已经测试了四万多中学生，大量的研究工作表明，它的信度效度都是很好的，它已经标准化了，因此可以测出一个考生是否有心理问题，有哪些方面的心理问题，心理问题达到什么程度，怎么去解决，都非常有好处的。

当然，除了心理健康量表之外，还可以根据心理健康的具体情况，再细看某一方面的心理状况。例如，考生感觉有考试焦虑的表现，我们可以进一步细查一下，他的考试焦虑究竟是来自对考试情景焦虑，还是来自对家庭压力、学校压力方面的焦虑，他焦虑的身体表现、心理表现如何等等。这样充分了解考生所患焦虑的情况，会采取针对性的有效措施，来解决他的问题。

我特别想说明的是，心理健康问题不是一次进行调治，好了之后，就永远不会再出现了。实际上，心理问题在人的一生当中会经常出现，心理问题的种类很多，比如说抑郁，就是心情不好，闷闷不乐。像这种心理问题在人的一生当中会经常出现，只不过有时表现很严重，有时表现得比较轻微。

在高三这一年里，不断地考试，每次考试都有结果，考试结果本身对孩子就是一个刺激，一般来说，考得好心情好，考得不好心情不好。这也是人之常情。

如果考得不好，一阵就过去了，总结经验，采取有效措施，改进学习方法，努力争取下次考好，这是比较好的应对方法。但有的人考不好，以后三五天都回不过劲来，整天闷闷不乐，心头总笼罩着一阵阴暗的心理气氛。

如果我们能在当时通过心理健康测试和焦虑测试，测出他的具体情况，产生的具体表现和原因，当时就采取有效的措施去加以解决，那会比他的焦虑发展到很严重的时候再去解决效果好多了，解决起来也比严重的时候省事多了。

我们不少家庭里都有体温表，感觉身体不舒服的时候、发烧的时候量一下，如果一测量是36.8℃不发烧，就放心了，若一测量结果是38度，发烧了，赶快吃点药，必要时去找医生看看，心理问题也是一样的，也是能测的。

因此，考生家中备有心理健康量表和考试焦虑表是很有用处的，除了定期测试考生心理健康和考试焦虑状况之外，在生活、学习中，特别是考试后知道了分的情况下，自己的心态是怎么样的？是否有焦虑情绪？都可以用测量表测一下，如果有问题就去着手解决，没有问题就自己平衡心态继续学习，准备考试。

我经常碰到家长跟我咨询，问的都是孩子近来的情况好像有事，但不知道究竟是什么事？因此也无从着手。

北京的齐先生说，他的儿子高三下学期开学不久每天放学回家话少了，总是问一句说一句，经常坐在那发愣。他觉得孩子心里似乎是有事，但也不知道是什么事情，怎么才能帮助孩子解决，他来找我，我给了他一份心理健康量表让他回去给孩子测一测，孩子倒很合作，他也认为自己近来心里不太痛快，但是也说不清楚怎么会这样。

后来一测结果是：焦虑、抑郁的状态。细问才知道，开学后学校里进行了模拟排队考试,他考得很不好。他爸爸很纳闷,本来这个孩子高二时,成绩一直都不错,而且高二期末考试考得很好,在班里名列前茅,怎么这次就没考好呢?结果在班里排了中等偏下。

根据我的经验,这种情况多数是孩子在暑假玩电脑玩疯了,或者是上网过多影响了学习。齐先生请我跟他儿子谈谈。还没等我开口,孩子就说:王老师,我就是暑假里玩电脑玩太多了,当时想,高二这一年学习太紧张没有时间玩,这回期末考得不错,暑假里要彻底放松,痛快地玩一阵,等高三再拼命学吧。哪知道一点书也没看,开学后再看书就感觉很生疏,过去会的东西也忘了不少,加上高三开学之后学习进度比较快,感觉有些跟不上,后来考试又没考好,压力就大起来,整天提心吊胆的。

有了这些孩子的心理健康测试结果,我又和孩子聊了聊,找出了孩子的心理问题和原因,那么就针对他的情况去加以解决,目前主要的是让他心态平和,正确对待现状,承认没考好的事实,建议他全身心地投入到高三的学习当中,经过一段时间的状态进入,再加上抓住老师讲课的要点,每天认真做好老师留给的作业,掌握住基本的东西,这样经过一个月,孩子的心情就相当平和了,功课也就跟上了,成绩逐渐逐渐提了起来。

心理健康测试还是很有用处的,家长有时只看到孩子的情绪低落,闷闷不乐,但不知道这是怎么回事。孩子情绪的变化是哪方面原因造成的，表现程度如何，和其他什么心理问题有关系，这些都可以通过心理健康测试，得出一个相对比较准确的答案。

北京有位郝女士曾经跟我讲："我的孩子上高三之后，我看他每天回家后都不爱讲话，我也不好问他。都快到期末考试了，所以我很着急，王先生，你看看我该怎么办？"我就把心理健康量表送给她，我说你回家测试一下，把测量结果给我，我给你看看。后来一看，她的孩子主要的心理问题是人际关系敏感、抑郁、心态不平衡。根据我的经验，存在抑郁现象又存在人际关系敏感，很可能是在同学关系处理上存在一些问题，由此引起了这些心理问题。

我把这个看法告诉了郝女士，她问我能不能跟她的女儿谈一谈，我说好吧。我跟她的女儿随便聊天，她就把她的心事说出来了，外班有一男同学跟她是初中同学，上高中后不在一个班，但也经常接触。近来这个男同学经常来找她借笔记看，因为她们班语文老师讲课讲得非常好，每年他所任教的语文考试成绩普遍比其他班高，在这种情况下这个男同学找她借笔记也是很自然的事情。由于他们经常在一起讨论一些问题，逐渐地她感觉那个男同学在他们交往时注意力不集中，说起话来也不像过去那样爽直，目光也有些不自然，同时她对这个男孩也有了一种思恋之情，当他们不再一起讨论时心里会有一种空虚的感觉，这种状况已经快有一个月了，因此她在学习时就有些分心，不像过去那样全神贯注了，她也感觉到自己的学习成绩受到影响了，所以心里不痛快，心情很不好。我根据我的经验给她提出一些建议，供她参考。过了半个月以后，这个女孩给我讲："王老师，我参照你的意见去做了，觉得效果不错。"

很多家长，特别是母亲对孩子观察得很细，对孩子心态的变化也了解得比较清楚，但就是不知道该从什么地方入手帮助孩子，怎么帮助孩子调节心态，孩子心态不好，心态出现变化，是什么原因？

人的心理问题时时都会发生，人的心态经常在变化。有些变化属于正常波动范围，这没有关系，有些变化是需要调整的，我们需要及时了解它，及时解决它。高三这一年是心态变化比较明显的一年，因此，如果家长既能定期对孩子进行心理健康测试，又能根据孩子的心理变化及时进行一些心理健康测试，这样来讲就能把握孩子高三这一年心态的动态，根据情况采取有效措施进行相应的调整，这样做好处很多：

第一，能基本准确捕捉孩子心理状态的信息，根据孩子心理健康的变化情况及时有效地调整孩子的心理问题，而不是等孩子的心理问题发展得很严重了才去调整，那样效果就会差一些。

第二，如果能及早地了解孩子的心理健康状况，使孩子的心理问题得到及时的解决，就会对孩子在学习效率上得以提高，学习上的损失就会大大减小。

第三，及早地发现孩子的心理健康问题，并及时进行调整，逐渐孩子就会学会自己解决心理问题，而不至于等心理问题积累过多，感觉非常苦恼时再去解决。让孩子在及时发现心理问题、及时解决心理问题的过程中逐渐学会自我心理调节。当然家庭的帮助是非常重要的，但主宰孩子心理健康的是孩子本人。

我们经常测试孩子的心理健康状况，让孩子自己树立一种意识，自己经常检查自己心理健康状况，有了问题主动地、积极地进行自我心理调节。

我的想法是，一般学生在高三这一年的心理问题不需要去找什么心理医生，只要自己真正掌握了一些心理调节方法，不同阶段出现了什么问题，不同问题用不同方法去解决，他们只要掌握了之后都能进行自我调节，再加上家长从侧面加以帮助、暗示、熏陶，应该说大部分心理问题都能很好地解决，以保证顺利度过这紧张而充满心理问题的一年。

3.7 多与老师联系

高三这一年非常紧张，孩子的心态变化是经常发生的，孩子白天在学校里学习，复习功课，晚上回家做作业。老师往往只了解学生在学校里那段时间的心理变化，家长则往往只了解孩子晚上在家的这段时间的心理变化。因此，家长和老师缺乏对孩子心理上全面地了解，所以需要家长和老师多配合，相互合作，才能共同做好孩子的心理工作。

做好心理工作也要做到情况明、决心大、办法多。我觉得从家长的角度来看要主动地和班主任老师、任课老师联系，因为一个班有几十个学生，班主任老师很难及时地与每个学生的家长联系，而家长可以随时和班主任老师联系。

有一位高三学生的家长跟我讲："王老师，你说高三这一年是不是要经常和老师联系？"我说那当然了。他说："可我觉得高三的老师都很忙，咱们经常找他们，打扰他们，总感觉有点不好意思。"我说您多联系，老师会高兴的，因为老师也会从你那里得到孩子在家时的情况，或者老师本来就想找你了解或谈谈孩子在某些方面的心理，但还没联系您就上门了。这样他会很高兴的。

这位家长过去除了开家长会时找找班主任了解了解情况，除此之外在高一高二从来没和老师主动联系过。他听了我这番建议后，便根据孩子的心态变化时常跟老师联系，并取得了很好的效果。

这位家长的女儿比较活泼开朗，能以平常心来对待考试，她的一模考试时就不紧张，平时怎么考她就怎么考，一模考试那天早上她和平时一样，不慌不忙，她妈妈觉得这孩子是不是没进入状态，是不是有点疲疲沓沓了，后来跟孩子的班主任老师联系过，班主任老师说，她最近心态比较平和，有条不紊地学习，她过生日时大家每人送给她一件小礼物，她还送给了我一块糖，大家都感觉她心态很好。这样和老师一联系孩子的妈妈心里就踏实了。

这位家长跟我说：本来我想说说我的女儿了，都什么时候了，你还不慌不忙、不紧不慢的。如果不和老师联系，我就对孩子提出建议或是批评，那可能就会起到负面的作用。

家长不仅要和班主任老师联系，还要和任课老师联系，特别要与孩子不感兴趣的课程、孩子考试成绩不好的课程任课老师多联系。孩子对某门课不感兴趣，孩子某门课没考好，这是为什么，他的任课老师会比较清楚，这样能配合老师把某门课学得好一些。

有位邵姓学生家长曾经找我咨询，他说："孩子其他课都很好，就是英语不好，高一高二时还可以，高三期中考试时明显低于他高一高二时的成绩。孩子也说自己的英语远不如过去了。"

为什么？孩子的家长说："我从和孩子交谈中了解到，她对他们的英语老师有看法，因为英语老师有时说话不文明，经常说话带脏字，所以她看不惯英语老师，对他讲的课也有看法，留的作业也不愿意做。"

这位家长问我该怎么办？我说：你应该和英语老师联系联系，从侧面比较委婉地反映一下孩子的心态，既让老师明白学生对他的看法和反映，又不伤害老师的自尊心，还要有助于老师和同学搞好师生关系。而从孩子反映的问题来看，老师有一定的责任，老师怎么改正一些说粗话的毛病，说话讲究一些艺术，从而使孩子改变对老师的看法，有助于孩子把这门课学好。

后来这位家长跟我讲，他非常巧妙而委婉地与老师讨论孩子的英语学习成绩下降时，把孩子的意见转达给老师，老师听后也觉得很理解，并且表示孩子的英语成绩比较差他也有一定的责任，应该逐渐帮助孩子把英语成绩提高一步。

据家长讲，这位英语老师后来也比较主动地关心他女儿的英语学习，也给予了许多有针对性的个性化指导，过了两个月期末考试时，孩子的成绩比期中时期明显提高了一步，已经达到了过去英语成绩在班级里的排名位置。

我建议高三家长在高三这一年里既要定期向班主任老师和任课老师反映孩子的心态和其他情况，及时和老师取得沟通，并且也可以根据孩子的一些具体问题和老师共同商量，采取一些必要措施，家长特别要主动地承担孩子存在问题方面的责任，主动地配合老师，因为老师和家长的目标是一致的，就是把课教好，使孩子学好、考好，使孩子的品行好，做人好。当然由于家长和老师所处的位置和角度不一样，对一些问题的看法可能不一致，甚至有的地方有矛盾，这些都不要紧，只要大家把情况交流清楚了，因为大家的目的是一个，就会理解，就会相互配合来解决孩子的问题，把孩子教育得更好。

这里我要说一下，据我的了解与观察，一般高三年级开家长会时，很多家长都提前到位，我观察到如果是两点钟开家长会，1点45左右教室里就坐满了，并且秩序非常好。学校的校长、班主任和年级主任介绍情况时，所有的家长都聚精会神地听，有的还在记笔记，这反映出家长非常关心孩子，非常配合学校的工作。但也确实有相当多的家长开家长会时会非常积极，非常主动，非常活跃，而平时缺乏和老师沟通，缺乏和老师联系，有等待思想，认为孩子有了问题老师自然会和自己联系。

实际上这是一种误解，一个班几十个人，就是非常负责任的老师也很难把握每一个学生的一些细微的心态变化，尤其是任课老师，他教好几个班，他很难把所有学生的情况了解得那么透彻，这就需要我们家长积极主动配合，主动提供信息，主动取得老师的建议，主动配合老师把孩子教育好，使孩子学得好，考得好。

3.8 不同时期侧重解决不同问题

每个学生的具体学习情况不一样，学习基础不一样，学习方法不一样，心态状况不一样，调节心态的方法不一样，他们的心理问题是有区别的，有的甚至有相当大的区别。

比如说，学习好的学生的心态和学习较差的学生的心态就不一样，他们的目标不一样，他们遇到问题时产生的心理变化也不一样。因此，解决的方法也不一样。

例如，成绩好的同学一次考试没考好，没考出他平时的水平，他可能情绪有些波动，对这个同学就要坚定他的信心，充分肯定他以往的成绩，找出这次考试不利的原因。而成绩差的同学没有考好，那就应该从他的实际出发，从他的学习实力、学习方法、考试心态各方面去分析。

一般说来高三这一年孩子的心态变化的大体情况是这样的：高三上学期的时候同学们有一种浮躁的情绪，感觉高三开始了，这一年将会是非常艰苦的一年，但又感觉渺茫，心里想应该进一步提高学习水平，但又不知道如何下手。

这时家长可以根据这个共同存在的心理问题对孩子进行心理调试，主要是让孩子树立信心，跳出对高三的恐惧感，跳出对高考的神秘感，订立大目标小步子的前进的学习策略，而且不要为孩子多买参考书和教辅材料，让孩子按照老师的布置前进。

一般高三的学生对高三上学期末的考试成绩都很重视，因为有人说这次考试很重要，能预示高考的成绩，高考的水平。这话不一定完全正确，但是高三上学期经过一学期的复习，考试成绩在某种意义上还是能反映出孩子的学习实力和孩子的考试走向的。因此，老师和考生都很重视高三上学期期末考试成绩。对于大家对高三上学期期末考试成绩的反应，应该说是一个大家共同存在的心理问题。

对在高三上学期期末考试的成绩家长要引导孩子，第一要面对现实，第二自己考好考坏都要总结经验，第三根据自己考试的情况采取具体措施，把考好的成绩更加巩固一下，考得不好，就争取在寒假里找出不足，进一步提高自己的实力和水平。

高三上学期期末考试是高三上学期以来学习的一个总结、一个考核，能大体上反映一个考生高三上学期所具有的实力和所存在的问题，考生根据自己的问题进一步明确自己的每门课的努力目标和要采取的具体措施。因为考试之后就是寒假，其实高三的寒假不少学生是在备考中度过的，当然也不是全部时间都用在备考，但应该说明用相当的时间来把高三上学期所复习的东西再系统化一下，知识的基本点再很好地巩固一下。因此高三上学期的期末考试是很重要的，它反映了考生的水平，指出了考生的前进目标。

不少考生的家长都很重视高三上学期的期末考试，这是可以理解的。问题是用什么态度来对待高三第一学期期末考试的结果。我们平常听说一句话：态度决定一切。这是广告词，它夸大了态度的作用，仅仅有态度不能决定一切，如果态度能决定一切那就不要行动了。但也确实反映出态度很重要很重要的，态度应该是制约考生的心态，制约着考生的学习效率，制约着考生的学习成绩。

我觉得每个考生的情况不一样，高三上学期期末考试无非有三种情况。第一种情况就是考出自己平时的水平,这些考生应该心平气和地复习功课,一般来讲他们的情绪不会有很大的波动;第二种情况是考生有些超常的发挥,这些考生的心态一般都是很高兴的,但是要防止他们产生骄傲自满的情绪和自以为是的想法。

我就曾经遇到一个考生的父亲向我咨询,他说他的姑娘高三上学期期末考试考得很好,总分比平时的成绩高出40多分,小女孩一看,嘿,自己也行呀,但同时她也产生了松劲思想,寒假里大部分时间用在了和同学亲友的交往上,当时倒是高兴痛快了,开学后状态却很难进入,成绩上不去。

这个事例说明,不能因为超常发挥考好了放松自己。应该用超常发挥增强自己的信心,并且总结超常发挥的原因和超常发挥的考试策略和技巧。

第三种情况就是发挥失常。这类考生往往会产生自卑心理和急躁心态,都复习了一个学期,开学后进入了3月份了,离6月的高考很近了,转眼就是了,他们常常会产生自卑的心态,恐惧的心态。这类考生家长首先要情绪镇定,乐观豁达,用自己的情绪去感染孩子,稳定孩子的心态。第二要跟孩子说明:考试失败是常有的事情,有超常就有失常,问题是我们怎么找出失常的原因,加以改正,使考试时变为正常。失常并不可怕,可怕的是对失常采取消极、悲观、自卑、恐惧的态度。因此要解决考试失常的问题首先要解决态度和心态问题,态度改变了,心态改变了,其他事情就好办了。

高三第一学期期末考试发挥正常的学生也可以分为三类情况：第一类就是成绩比较好的同学，这类同学平时比较用功，学习方法比较得当，成绩比较好，实力比较强。对这类考生，家长应该继续强化学生的信心，让孩子明白有播种就会有收获，什么事情都有方法，方法只要得当就能实现自己的愿望。

第二类就是中等水平的考生，这类水平的考生要着眼于巩固他的成绩。要多鼓励他，因为这类考生还是有潜力的，只要努力，只要方法得当，成绩还会提高，家长可以提出大目标小步子的方法，让孩子通过具体步骤一步一步地来提高六门课的成绩。但是对这类考生，家长不要提出过高的目标，千万千万不要和他的同学去攀比：你看人家小王考了602分，你才考480分。这样有损孩子的自尊心，造成孩子和家长的心理隔阂，不利于家长做孩子的心理调解工作。

第三类考生就是成绩比较差的考生，成绩差的考生有各种各样的原因，但主要是两个原因，一个是基础差，这是一个很根本的原因。另外一个就是方法不对头，有的考生他也是努力了但就是成绩上不去，因为方法不对头，只知道死记硬背，挑灯夜战，不会调整时间，不会调节学习节奏，另外心态也较浮躁，急功近利。

对基础差没考好的考生怎么办呢？实事求是从实际出发，现在孩子就是这样的水平，还有五个月左右的时间，只要孩子肯努力，只要学习方法对头，成绩肯定是会能往上走的。我建议这类考生的家长可以主动地和各门任课老师联系，这些孩子还是有潜力的。他不像考了600分的考生，想再提高10分、20分都难，他考了400分，想再提高50分、100分，只要肯努力方法得当是完全可以办到的，这种实例是很多的。对这类考生一定要坚定他的信心，我们过去基础差，考出这个成绩是很自然的事情，家长千万不要指责孩子，他只要是正常发挥出实际水平就应该肯定他，支持他，鼓励他。

我曾经接受一位家长的咨询，他的孩子高三上学期期末考试成绩400分多一点，他情绪非常低沉："这样的分怎么能上大学，连个本科都上不去，这还是在北京，要是在外地就更不行了。我没上成大学，希望儿子能上大学，他给我考这么点分，真丢人现眼，他的本科是没希望了吧！"我跟这位家长讲：过去是过去，看过去是为今天，为将来，这个孩子为什么考了这么点分数，是他不努力还是方法不对头，是心态不好还是考试策略不对头。我和这个家长进行了仔细的讨论与分析，发现这个孩子太热衷于网络了，高一高二他经常上网，到了高三上学期前两个月还动不动就回家上网。孩子的智力水平不错，但是如果成为网络的俘虏肯定学不好。

他爸爸跟我说：高三期中考试他考得更差，给他敲响了警钟，他觉得高一高二玩玩没关系，高三开始再突击再努力再下功夫，成绩一定能上去。没想到毕竟基础差，高三上学期奋斗了两个月（其实也没尽全力，有时他还回家上网），成绩有所提高，但就是提高不大，上学期期末考试也就考了400分多一点，这就是他的实际水平。

我说，这个孩子很有前途，很有希望。因为第一，他自己已经基本上能从网络束缚中解脱出来。第二他知道下了功夫就会有收获的，他现在已经开始下功夫了。这是目前他的成绩能往上涨的一个非常基础的条件，如果他继续上网就没希望了，如果他还是不知道从上网中解脱出来，努力也没希望了。他现在基本不上网了，他也知道发愤图强拼命就会有好结果，家长应该抓住这两条，肯定他现在的成绩，进一步说明他的潜力大得很，时间还有五个月左右，只要努力，只要方法得当，只要心态好，只要掌握好考试的策略和技巧，成绩就会节节上升的。

后来这个孩子在家长的鼓励和支持下，高考时考了一个487分。这类孩子不少是学习能力还可以，但就是基础差，过去玩得太多了，没把基础打好，虽然高三知道用功了，但是积累还是很重要的，他们也要有一个过程来改变自己的状态。

对这类考生，家长要着重肯定他们现在的做法，发现他们的潜力，只要有条不紊地、有计划地、有步骤地学习，成绩会提上去的。

四、帮助孩子填报志愿的秘诀

据多年的高考研究，我认为，高考成功固然与考试成绩有着最基本、最重要的关系，但还有一点非常重要，志愿是否填得科学、可行。

4.1 重视志愿，让分数实现最大价值

很多考生和家长都非常重视孩子的学习实力，高考是硬碰硬的，录取时主要按照高分到低分依次录取的原则，分数当然是最根本的东西。

但是，有很多考生和家长忽视了填报志愿在高考录取中的作用。

很多考生挑灯夜战，分秒必争地复习功课，但往往对填报志愿比较轻视，没有相当的工夫去了解填报志愿的问题，学校发下来的填报志愿材料往往马马虎虎看一看就过去了。我建议考生要像对待考试试卷那样认真去看，去体会，去分析。

许多家长也是这样，对孩子一模考试、二模考试每门课的分数记得清清楚楚，想方设法买各种练习试卷，但对填报志愿比较忽视。

有了分数，它的含金量能否发挥应有的作用，就要靠填报志愿了。有的考生成绩并不算很好，但是能考上与他分数相对应的学校。有的考生分数很高，但是最后被录取的学校与他高考的分数相差很多，他可能考了640分，但是录取他的学校提档线可能是510分左右。

每年高考都会发生这种令人深思的问题，同一个班里的同学，高分者上的学校比低分者上的学校差，高分者上的学校提档线比低分者的学校提档线低，为什么？这就是报考志愿的问题。

尽管有的考生考了618分，但他上的学校是510分提档线，他那100多分白考了，没有发挥他所考分数含金量的作用。和这位同学同班的考生有的考了550分，但他上的学校是550分。

我希望家长像重视孩子考试成绩、重视孩子考试心态一样的态度去对待孩子填报志愿的问题，并且帮助孩子认识填报志愿的重要性，把它放在与学习实力、心态调节一样的重要地位。

4.2 发挥家长的优势

很多家长说，自己在孩子高考这一年心里很紧张，有时感觉愧对孩子，自己文化程度低，不能给孩子辅导功课。

其实，依我看你即使文化程度高，就算是大学教授也未必能够辅导孩子的功课。我的小孩高考时，我就没有辅导过他功课，我觉得没有必要，我也不一定辅导得了他，他们学的数、理、化我可能已经忘了。尽管我当时也考得很好，但我高考毕竟是1957年的事了。

我觉得家长文化程度高低与帮助孩子复习功课没有太大的关系，复习功课是孩子自己的事情，家长所谓帮助孩子复习功课只是在原则上、方法上给以必要的指导，为他们营造良好的学习环境，调好他的心态，抓好时间，提高效率。

我倒觉得家长怎么帮助孩子考大学主要就是三件事情：第一帮助孩子复习功课，第二帮助孩子调节心态，第三帮助孩子填报志愿。

就多数家长的情况来看，在填报志愿上家长都具有优势，这个优势是，家长相对来讲比孩子时间富裕一些。家长都有这个愿望，希望帮孩子一把，帮什么呢？我觉得帮孩子填报志愿最能帮到点上去。

因此，我觉得家长要转变看法，不要把眼睛盯在帮助孩子学习上，也不必为自己文化程度低而感到愧疚，要充分发挥家长的优势，有较多时间去搜集高校的信息和填报志愿的信息，给孩子出主意。我觉得大部分家长都能发挥这个优势，都能做好帮助孩子填报志愿，这就是给孩子高考帮忙，在某种意义上讲，这就是为孩子高考加分，因为志愿填报好了就是为高考加分，志愿报坏了就是为高考减分。620分上了一个510分的大学，不就是因为填报志愿不好而造成给高考减分的吗？！

这就要看填报志愿的学问了，我认为在某种意义上说，填报志愿也是一种对学生的考核，考核学生的评估能力、分析能力、综合能力、判断能力。学生要考得好，家长就能帮上忙，因为填报志愿要：决心大，办法多。首先家长就能帮助孩子明了情况，因家长有较多的时间去搜集信息，搜集填报志愿的方方面面的各种信息。家长比较了解孩子，又比较了解高考信息，这样就容易判断，就会有信心。家长也会给孩子填报志愿出主意，孩子填报志愿的方法就多，就有比较、有分析、有判断，做出理智的、科学的选择来填报志愿，确保高考的分数发挥其作用。

一分有一分的作用，使它的含金量充分显现出来。这也是一种考试，这种考试家长是最能帮上忙的。

4.3 填报志愿时家长做什么

那么我们的家长在填报志愿问题上能帮助孩子做什么呢？

家长在孩子填报志愿前，要充分把握有关信息，包括国家当年关于高考的政策，有关高校的录取政策，及目标大学三年来的情况等。

家长首先要了解自己孩子所在的省是哪种填报志愿的方式。全国31个省、自治区、直辖市的高考填报志愿有三种形式：第一种形式是考前填报志愿；第二种形式是高考之后，成绩出来之前估分报志愿；第三种形式是高考成绩分出来之后填报志愿。

三种填报志愿的方式对填报志愿成功各有利弊，各有特点。一般来说，考前填报志愿主要是靠平时成绩为依据，这种填报志愿的方式对孩子高考会有一定的压力，因为很难说高考前估计的成绩和考试成绩完全一致，心态等因素都会发生一定的变化。这种填报志愿的方式，家长要帮助孩子比较准确地、科学地估计好自己的学习实力。

第二种填报志愿的方式即考后估分填报志愿，关键要分估得比较准，因此估分能力的水平高低对填报志愿准确与否起很大的作用。因为高考已经过去了，考试成绩是客观存在的，估得比较恰当才能情况明、决心大。

第三种填报志愿的方式，即考后知道分报志愿，家长的作用在于知道孩子准确地按照自己的分数报考相应的大学及专业，力求避免填报志愿扎堆现象。

有人认为考试后，知道分数报志愿最好，什么都知道了。但是谁也不知道某某学校、某某专业报考它的人数是多少，而且根据经验，考后知道分报志愿最大的弊端在于志愿扎堆，相互残杀，造成高分落榜。

例如某某学校某某专业历年来提档线在560分左右,那现在过了560分的考生估计自己填报这个专业没有问题,本来这个专业在本地区招20人,但报的却有200人,将有90%高出提档线的考生被淘汰,实际上报的200人把它当年的提档线大大地提高了。

家长还要了解模拟考试的专业和学校在本省招收的名额,很多北京以外的考生想报考北京大学、清华大学、人民大学、北京师范大学,可能自己的实力也相当强,但是这些大学分配在各省拟招录的名额是有限的,这就要根据自己的实力,看看报考这些大学是否适合。因此,高考报志愿前,家长最好对各地学校在本省录取的名额及政策了解得清清楚楚,必要时家长还可以与该校招生的工作人员直接对话。

家长对填报志愿的程序也要了解得比较清楚,事先心里明白,这样孩子填报志愿时就会到位,事项清楚,不至于糊里糊涂。

以北京市2010年高考填报志愿的有关规定为例:

考生填报志愿要按录取批次顺序选报,艺术院校(专业)本科专业、军事院校、武警部队院校、招收国防生的院校(专业)、公安类院校、体育院校(专业)、教育部直属师范大学师范专业、中国青年政治学院、国际关系学院、北京电子科技学院、外交学院、香港中文大学、香港城市大学等参加本科提前批录取。

其他本科院校分别参加本科第一批、第二批、第三批录取;艺术类高职和部分专科专业在本科之后参加专科提前批录取;最后进行专科（高职）普通批录取。

填报志愿分两次进行。第一次填报参加本科提前批、本科一批、本科二批、本科三批录取院校的志愿,网上填报志愿时间为5月12日8时至17日24时。第二次填报专科提前批和专科普通批录取院校的志愿,网上填报时间为7月28日8时至7月29日24时。

志愿栏目按录取批次顺序设置,考生填报志愿的顺序及数目如下：

本科提前批可选报两个顺序志愿学校；

本科第一批、第二批、第三批可在本批内各选报四所学校：第一志愿一所学校,第二志愿为平行志愿,包含A、B、C三所学校；

以上每个志愿学校可选报五个专业,并填报是否服从专业调剂。

专科提前批可选报两个顺序志愿学校,每个志愿学校可选报五个专业。

专科普通批可选报20个平行志愿,每个志愿为一个学校的一个专业。

本科一批、本科二批、本科三批及专科普通批的正式志愿录取结束时,如高等学校计划未完成,根据情况将重新征集考生志愿。本科批次征集志愿可选报三所平行志愿学校,每个志愿学校可选报三个专业,并填报是否服从专业调剂。专科普通批征集志愿可选报10个平行志愿,每个志愿为一个学校的一个专业。

我再给大家介绍一下,本科一批、二批、三批分别是什么样的学校：

第一批本科或者称为重点院校，包括全国的重点院校，进入211工程的院校和经过教育部及省、自治区、直辖市批准的第一批院校。

本科二批，也就是二本，是普通本科。

本科三批，也就是三本，是独立学院（实施本科以上学历教育的普通高等学校与国家机构以外的社会组织或者个人合作，利用非国家财政性经费举办的实施本科学历教育的高等学校）、民办大学和中外合作办学的本科专业。

特别提示：招生信息和学校情况每年都可能变动，一定要以当年当地官方政策文件为准。

第一批、第二批、第三批录取院校考生可按顺序填报三个志愿学校，每个志愿学校可报5个专业。近年来不少省市推行平行志愿。例如，2010年高考北京市本科第一批、第二批、第三批可在本批次内各选择四个学校。第一志愿一所学校。第二志愿当平行志愿，包含A、B、C三所学校。专科普通批，可选20个平行志愿，每个志愿为一个学校的一个专业。家长与考生要注意：平行志愿顺序录取。A校选录，不够A校，B校选录，依此类推；如果A校录取了，不能要求B校录取。

报平行志愿的法则是，跳一跳，稳一稳，保一保，A校要跳一跳，B校要稳一稳，C校要保一保。

这些填报志愿的程序家长要心中有数，到时可以指导学生，而且事先对此有充分的考虑。家长搜集高考信息的途径很多，从媒体上、网上了解掌握，从各类填报志愿的报刊、书籍上掌握，还可以到各院校招生办索取材料、面谈等。

家长了解掌握的信息最好是整个高考填报志愿的全面情况，包括一般原则、程序等，在这个基础上对自己孩子拟报考的学校和专业做重点了解，特别是对准备报考的第一志愿学校及其专业作更深入的、细致的了解与掌握。家长需要了解的情况，包括对国家高考政策的了解，包括对高校的了解，还包括对子女所在中学的情况了解。

在这里我要说一句，国家的高考政策基本是稳定的，但是也在每年稳中有进，稳中有改，这就要随时注意教育行政主管部门发布的信息。家长除了要掌握国家的高考政策，即招生学校的具体录取政策之外，还要了解自己孩子所在的学校考试情况。

不少家长比较看重孩子考试的具体成绩、具体分数，但对报考志愿来讲，更为重要的是看孩子在学校的排队位置，水涨船高，题容易大家都高，题难大家都低，不在每次考试的具体分数，而要看每次考试在学校的排队位置。

一般说来，考前报志愿的主要依据就是自己的平时成绩，特别是一模、二模的成绩。一般说来，一模、二模成绩加在一起被2除，如果一模、二模发挥正常的话，大体就可以估出孩子的实力，特别是可以根据一模、二模在学校的排队位置，在市里的排队位置，在省里的排队位置来填报志愿，这是非常重要的依据。

比如说，某考生一模、二模的成绩均在全校1000名中的前100名，一模成绩是全年级第85名，二模成绩是全年级第74名，这样他的成绩就在全校高考人数的10%之内，如果该校最近三年来排名在前15%的考生都能上重点大学，即第一批录取大学，那这个孩子的第一志愿报考重点大学在一般情况下是没有问题的。

如果一个考生一模考试成绩在学校里的排队为20%左右，二模考试排队结果也是这样，而且位置比较稳定，而学校在最近三年来被重点大学录取的学生均在15%的排队位置内，那么这个考生报考重点大学的可能性就相对差一些，那就应该做好报考水平比较高的二本学校的准备，可以选一个比较好的专业，估计成功的可能性就比较大一些，同时也不很浪费自己考试时可能获得的高分。

家长帮助孩子搜集的材料是全面的，但也应该有重点。在不同的省份，重点把握的信息也不完全相同。为了把握好重点，我建议考生家长多与学校的负责填报志愿的老师联系，他们很有经验，并且也很了解学生，他们的意见往往是很重要的。

也要与拟报考的第一志愿学校的招生办取得联系，倾听他们的意见和指导。

家长帮助孩子填报志愿的第二件事就是出主意，家长在广泛收集材料的基础上根据孩子的实际情况和自己孩子的兴趣爱好，为了将来和孩子讨论填报志愿时发挥信息灵、情况明、判断准的优势，提出切实可行的方案供孩子参考。

我建议家长不妨在充分了解招生的情况和孩子的实际情况后，根据填报志愿的有关填报顺序，拟报两个以上的方案，这样来讲，将来在和孩子讨论填报志愿时就事先心中有数，而不能等到填报志愿前时间比较紧，天气比较热、心情也比较烦躁，仓仓促促、马马虎虎地填。

家长拿出一个讨论的方案，这个方案不是一种，而是几种，供讨论的选择，每个方案都可能有利有弊，均衡一下，一般说来不能说某个方案绝对好，某个方案绝对坏，而是各有利弊，怎么充分发挥每一个方案有利的作用，避免弊端，这就需要家长事前有充分的考虑。

我建议家长事前拟出方案，绝不是不允许孩子再提方案。要鼓励孩子再提新的方案，这样才有比较，才有选择，才能择优。

家长帮助孩子填报志愿的第三件事就是与孩子讨论做出决定。我建议最后的决定权最好在孩子手里。

据我的研究，现在不少学生填报志愿，有的是家长说了算，家长拟定好了就是了，有的家长拟好后，讨论一下稍加修改，由孩子动手填上去，孩子很少发表意见，孩子就是发表意见家长也不接受，这样往往会使方案的优化性降低。因为将来念书的是孩子，他是否喜欢，他的成绩、他的实力，他自己还是了解的。我们家长武断地让孩子去执行我们的意见，往往会造成一些偏差，甚至造成后悔莫及，孩子埋怨一辈子，家长心亏一辈子。

在和孩子讨论填报志愿时，我建议充分讨论、充分辩论，只有经过辩论、经过讨论才能越辩越明，越辩越认得清楚，越辩才能比较填报的情况，符合实际情况。

家长和孩子在讨论填报志愿时要在人格上平等，不能以辈分来压人，这样孩子才能充分发表意见，才能讨论清楚，才能做到孩子由衷地同意某种方案，即使执行这种方案，将来没被高校录取，孩子心里也痛快，因为这是他的意愿；否则孩子在心里不痛快，即使上了父母方案定的大学，他也未必心里痛快，因为很可能不符合他的专业兴趣。

总之，充分发扬民主又不放弃指导和引导，最后的决定权让给孩子。

4.4 填报志愿的要领

根据多年的研究，填报志愿要注意的问题很多，在这里我就扼要地谈几点。

4.4.1 知己知彼，积极慎重

填报志愿要做到"知己知彼，积极慎重"。填报志愿时双向选择，要知道自己的实力是怎样的，自己的心态是怎么样的，这对考前填报志愿非常重要；就是考后估分报志愿，知己也是非常重要的，分是否估得比较真实，无疑是非常重要的；就是知道分报志愿也要知己，所谓知己不一定知道分，而是知道自己的兴趣、爱好、特长什么的。

"知彼"也是同等重要的，你的考试分数能否达到你要报的学校？是一个非常关键的问题。那怎么知道高校每年录取的提档线呢？这确实是个难题，无论是对考前报志愿、考后估分报志愿和考后知道分数报志愿的考生，是同样面临的问题。因为，高考是选拔赛，每个高校根据自己的学校报名的情况，报名的人数多少，从高分往低分录取，国家也允许各校以100比120提档。因此，无论是哪种报志愿的方法，高校在没有提档前，它不可能知道自己该年的提档线分数，只有大家的志愿报好了之后他们才能提档。所以如何推测该校今年的提档线就是一个很难很难的问题。

但是也不是一点办法也没有。一般说来，把某某学校最近三年在某省的录取分数线加在一起除以3，作为推测当年该校在某省提档线的参考指标。当然这个分数指标不可能是绝对符合的，每年该校招收的名额是事先确定的，报考该校的人数是有变化的，每年高考该省出题的难易程度可能有所不同，因此，该校当年的录取分数比过去三年的平均值不会完全符合，但终究是有一个参考指标，不是盲目去报。

报志愿要有积极的态度，因为它毕竟是高考成功的最后重要环节，要以积极的态度去对待，但是又要慎重，要冷静、理智、科学地对待。

4.4.2 冷静、理智

填报志愿是大事情，考生不管是考前报志愿或考后估分与知分报志愿，都可能情绪不冷静，心情浮躁。因为考前报志愿时，考生还不知道自己能考出什么水平，复习正紧张，冲刺阶段压力很大，心态不平衡，往往不能冷静对待填报志愿；考后估分报志愿，考生往往因为估不准分数而心态不好，情绪不佳，有些考生可能因为考得不好心态也不好；考后孩子知道分报志愿，知道了分，有些考生感觉没考出水平，心情不好。因此，我们一再强调，填报志愿时一定要以平常心冷静、理智地进行分析，不能由于情绪的变化，而制约报志愿。

4.4.3 不要盲从

填报志愿时同学们会相互讨论、商量，这是非常好的事情，但是也容易产生相互模仿，相互感染。某同学报某个学校某个专业，其他同学或者分数相似的同学也想报这个学校这个专业，容易造成扎堆。各人的实力不一样，爱好兴趣不一样，不能相互模仿，而且扎堆现象对高考录取是很不利的。

某年北京大学数学学院在某省投放的数学指标共18个，结果某校一个班的学生事先模拟摸底报考志愿报的人也大约在18人左右。那么大的一个省，所有报北大数学系的人肯定会高于这个班的人数，因此，大家扎堆，相互残杀，实在没有必要。因为那个班的同学都认为，报北大数学系是自己水平高的表现，其实没有必要，专业不分高低优劣，要看是否符合自己的兴趣爱好。

4.4.4 反复琢磨

填报志愿，我们前面说过，家长做过充分准备，再和学生讨论，决定权在学生手里。但是在决定之前要反复、认真地讨论，仔细斟酌，尽量多搜集正规渠道的官方信息。

家长和考生还可以多向学校老师请教，特别要和招生学校的招生办老师、负责报考志愿的老师商量。他们有丰富的经验，他们了解该校学生历年来报考的情况和学校在该省的位置，他们的意见是很中肯的，特别是在估计学习实力方面是很有经验的。

考生和家长不妨也可以向拟报学校的招生老师请教，他们也是有经验的，特别是适宜报考他的学校和不适宜报他的学校的情况，他们是了解的。

4.4.5 努力填报好第一志愿

无论是第一批录取、第二批录取、第三批录取，第一志愿填报好了至关重要。在某种意义上可以说，填报好第一志愿就是填报志愿成功的95%，因此在填报第一志愿的学校时一定要知己知彼，积极慎重，一定要详细调查，详细分析资料，反复推敲。

填报第一志愿时,要根据自己的实力来填报,不能凭自己的热情,因为高考录取主要是以高分往低分排队的录取原则,分数不够,再高的热情也无济于事。

填报第一志愿要忌讳"冲"。冲是有条件的,本来自己的成绩只能够一般重点大学录取的水平,有的人硬要冲一冲,冲北大,冲清华。盲目的冲,脱离自己实力的冲,学习实力所不及的冲,往往是牺牲自己,导致第一志愿学校报考的失败。

当然也不能走另外一个极端,本来成绩已远远超出第一志愿学校所录取的分数,但是为了保守,所谓的稳扎稳打而放弃报考某校第一志愿的行为,录取过后又极端后悔。

4.4.6 填报志愿的结构要合理

第一批、第二批、第三批录取的学校,每一批都允许报三个学校,每一个学校都允许报五个专业,因此报每一批学校的这三个学校也要结构合理,即第一志愿的学校和第二志愿的学校分数要拉开距离,第二志愿的学校和第三志愿的学校分数也要拉开距离。有的人第一志愿报北京大学,第二志愿报清华大学,两个学校的提档线是相当接近的,没被北京大学录取,第二志愿被清华大学录取的可能性太小了,因为考生的分数很难达到清华大学的提档线。

究竟第一志愿和第二志愿学校分数相差多少合适,这也很难说,因为每年考生报考学校的数量难以控制,但一般来说,第一志愿和第二志愿学校提档线高出30分到40分比较适宜。

在这里我还特别提醒家长务必要注意，事先一定要向报考第二志愿的学校咨询清楚，是否真正收取高分的第二志愿考生，因为有很多收第二志愿的学校提出很苛刻的要求。比如说某高校招收第一志愿考生的分数是580分，第二志愿考生的录取提档线就要高出40分到50分，即620到630，在某种意义上它实际上是不愿收第二志愿高分的考生。但是国家教育部有规定，高校不得拒绝录取高分的第二志愿考生，但是条件如何由该校自己决定。所以这些情况家长务必要帮助孩子问清楚，否则的话，这个第二志愿等于白报。

报考志愿的结构合理，还包括另外一层意思，即专业要合理。某考生第一专业报它，分数可能是520分，另外一个考生第二志愿报它，它的录取分数线就可能是523分或525分。因此，在报考专业的分数差距方面家长也要注意。

五、寒假期间家长做好三件事

高三上学期结束，寒假是中小学12年学习生活的最后一个假期了。家长怎样对待孩子的这个假期，据我调查有两种倾向。

第一种倾向是让孩子全力以赴，拿出全部时间来复习功课。认为过了年开学后几个月就要高考了，时间一眨眼就要过去了，这个假期必须拼命，不能玩，要把全部时间用在复习功课上。有的家长甚至给孩子订出几不准：不准上网，不准跟同学出去逛庙会，不准和同学聚会等。这样的家长愿望是好的，但是结果往往事与愿违。

第一，孩子上学期紧张了一个学期，再继续紧张有些承受不了，而且他（她）也很难做到全部时间用在复习功课上。第二，容易产生厌烦感觉。第三，这种憋在家里闷头看书的做法和节日的气氛不融洽，大家都欢欢喜喜地过春节，一个人在那埋头苦干，沉不下心也坐不下来，很难适应这种节日气氛。

其实家长这样拼时间拼精力的做法未免有些太残酷了，孩子毕竟是个人，是有感情有思想的人，家长那样做孩子的心绪会不好，不仅复习效率低，而且还会和家长产生抵触情绪。

第二种倾向是让孩子痛快地玩玩吧。认为孩子念了12年书了，每个假期都很紧张，学习、复习功课，参加各种学习班，等等，最后一个学期了，该放松放松了，放松之后下学期就是最苦的一个学期了。有的家长带孩子去旅游，有的家长给孩子买来最好的电脑，让孩子上网，玩，放松放松。

高三寒假孩子适当放松放松是完全应该的，放松之后有张有弛，有劳有逸，放松是为了养精蓄锐，提高复习效率。但放松要有度，不能过于放松，过于放松就容易造成开学后收不回心来，注意力不集中，情绪不稳定，影响下学期的复习质量。

一位家长后悔地跟我讲，想当初就不应该让孩子那样放松，那样尽情、彻底地玩，解放地玩，玩的结果是孩子的心收不回来了，迷恋于网络，心野了，下学期开学后很长时间进入不了状态。

这个寒假怎么过呢？作为高三家长，在寒假前就要思索一番，根据孩子高三上学期的心理情况、学习情况与生活情况综合进行分析，然后在寒假来临之时，力所能及地帮助孩子过好一个有意义的、充满朝气的中学生活最后的寒假。

如果家长高高在上，以家长自居，命令、训斥孩子，不仅起不到帮助孩子的作用，而且还会遭到孩子们的反感、不满，影响孩子的心态，影响孩子的复习效率。因此寒假里帮助孩子，家长要有具体的原则、正确的出发点，才能达到目的。

5.1 引导孩子的三个原则

5.1.1 多沟通、多了解

家长在寒假里对孩子进行指导，必须做到情况明、决心大、办法多。只有跟孩子多沟通，多了解，掌握孩子学习的真实情况和真实心态，才能有的放矢，有效地对孩子进行帮助。

有的家长凭着主观愿望，不从实际出发，强行推行自己的做法，结果影响孩子的情绪，当然也谈不上对孩子产生什么积极的帮助。

案例1

河南省一位考生邱某，从高三寒假开始，他爸爸在不了解孩子平时也很少和孩子沟通的情况下，凭着自己的主观愿望对孩子进行所谓的高考教育，他规定孩子在寒假时必须把所有课程再复习一遍，还要把他从新华书店里买来的《黄冈考试宝典》看一遍。他认为这样就能巩固孩子高三上学期的学习基础，使孩子的学习上一个台阶，他认为只有大作业量才能提高孩子的成绩，其实孩子在寒假里应该做什么他根本就不知道。孩子在寒假里不仅要完成作业，而且还要听一些其他的课。他不了解就发号施令，使孩子一听到就感到心里发毛。因为他爸爸的教育方式是严厉惩罚式的，儿子不执行或做得不够他爸爸就训斥，高中二年级还打过孩子，所以造成这个孩子很紧张。

这个考生还说：我心里想这是不可能的事，但是我不敢当着我爸爸的面提出异议，只能不吭声，这给我造成的压力很大。本来想利用寒假重点整理一下下学期的复习内容，再仔细订一下下学期的学习计划，哪里知道爸爸这样的做法打乱了我的学习计划，尽管我不会按照他的要求做，但我也得应付他。

这位爸爸就是不了解孩子的具体学习情况、学校的具体安排，乱发号施令，自以为是，高高在上指手画脚，实际上百分之百要碰壁的。碰壁不要紧，还给孩子造成心理负担、心理压力，影响孩子正常的复习。

5.1.2 平等交流

有些家长对孩子进行谈话和对孩子进行所谓的指导时态度往往是高高在上，口气很重，都是命令式的，这样孩子很难接受。他们已经大了，就是小孩也不能这样，况且他们都是十七八的大人了，即使你是正确的意见他也很难接受，况且家长有时说得也不到位、不对点，甚至与实际不符，孩子就更不易接受，即使表面不吭声，也在心里想：爸爸，你什么都不懂还在那里瞎指挥。

家长与考生谈问题时，在人格上要与孩子平等。家长是长辈，孩子是晚辈，晚辈尊重长辈，长辈爱护晚辈，但在人格上是平等的，人格平等相互之间就容易交流，就容易亲近。为什么孩子和他的同辈人，和他的同学、朋友谈起话来就无拘无束，什么都讲，什么都不在乎，大谈特谈，没完没了，欢声笑语，嘻嘻哈哈，就是大家在人格上是平等的。

高三的学生总是有一些心理压力，有一些急躁情绪，因为高考毕竟是一个大考，所以家长更要尊重孩子的人格，和孩子平等地讨论问题，商量办事，不能口气很硬，命令式的，那样反而不利于问题的解决，不能真正对孩子起帮助和督促的作用。

有一个北京考生的家长肖某，是一个大企业的领导，平时工作特别繁忙，春节时在一个宽松的气氛下跟孩子交谈，他不是问孩子的学习怎么样，而是谈了自己这一年的酸甜苦辣，这样自然就把孩子高三这半年的酸甜苦辣引导出来了，这样以交心的、交谈的方式进行对话。儿子还给爸爸提出了几点建议，怎么解除压力，怎么处理竞争。他爸爸也根据他的情况给他提示了，怎么复习好，怎么提高学习效率。父子俩谈得非常融洽，尽管是不同话题，但是相互之间由于人格平等，无话不说，双方谈得非常投机，都感觉有所收益。

5.1.3 在宽松的心理环境中进行

尽管说是放假了，但高三的寒假在大多数学生的眼中不是放假，而是集中时间根据自己的情况进行备考。据我的调查，除了极个别的学生把寒假当作名副其实的假期，只玩不看书，大多数的学生还是用相当多的时间来备考的，他们在高三寒假里并不轻松，压力也是很大的，那么多的作业、那么多的习题都是他们去做，所以孩子往往心情比较急躁。家长一定要注意这个心理特点，否则孩子在有的题没有做出来时，在他心情急躁、沮丧的时候跟他讨论问题，往往谈的效果并不好。要在孩子心情比较好的情况下，特别是利用春节的节日气氛所营造的宽松的心理背景下，抓住机会与孩子讨论，效果就会很好。

5.2 家长怎么帮助孩子复习功课

寒假里家长怎么帮助孩子复习功课？这也是很值得讨论的。实际上是提醒孩子怎么做，而不是和孩子一起去讨论具体的学科问题，再帮助孩子做作业，检查作业。

5.2.1 提醒孩子对上学期的学习进行总结

高三上学期是紧张的，孩子已经把要考的功课复习过了，家长可以直接或间接地提示孩子对上学期的学习情况进行一些自我总结，每门功课取得了哪些进展，特别是在方法上要进行哪些改进，怎么提高学习效率，给孩子提个醒，让他自己总结，自己改进。

特别要对那些平时很用功，时间抓得很紧，但不善于总结的孩子提个醒,这些孩子往往是寒假一来又会埋头不断地做作业,总是做,想得少。对这样的孩子家长一定要提示他们,把上学期的学习情况做一个总结,根据上学期的学习情况,寒假里要有重点、有计划、有针对性地进行复习。特别要提示他们,不要太看重复习的遍数,不复习不行,复习一遍也是不行的,但并不是说复习的遍数越多越好,到了一定的情况下,复习的遍数多了效果并不显著,而应该侧重进行分析,消化理解,融会贯通,培养举一反三的能力,培养分析问题、解决问题的能力。

5.2.2　帮助孩子制定寒假作息时间表

孩子假期在家学习与平时在学校学习,在作息时间上是不太一样的,因此要根据孩子在假期里的情况,提示孩子有一个固定的作息时间,这样有利于形成一个生物节奏,提高学习效率,有助于心情安定。

高三的寒假处在春节之中,节日期间有些交往活动也是不可避免的。因此有个切合实际的作息时间,能确保假期充分利用时间进行复习。

5.2.3　提示孩子适当参加社交活动

春节之中,亲朋好友会有一些交往,这也是人之常情,不能因为高三寒假就不与人交往了,那也不切合实际。

但是要提示孩子交往要适当,不要过分,不能遇到老同学或者亲戚一谈就是半天一天，也不要纵情地去卡拉OK，去跳舞，去大吃大喝。而且要注意时间的搭配，一天学习六七个小时、七八个小时已经很累了，把时间安排好，利用剩余的两三个小时和朋友交往，叙谈一下就可以了，这也能放松一下紧张情绪，又与人交往了，可以从中吸取一些有用的经验，增强一些备考信心。

案例

北京考生杜某除夕就和他的表兄弟、表姐妹们商量好了，春节去姥姥家聚会。他正在备战高考之中，在电话里他这样对兄弟姐妹们说：我晚点去，但我一定去，一定去看看你们，陪你们玩。约好的那一天杜某早上七点多钟就进入备考复习之中，除了中午吃饭休息之外，在下午四点之前都在做题，实际上他到下午四点已经学习了8个多小时，也感觉累了，这时候，他觉得今天的复习应该到此结束了，去和表兄弟姐妹欢度春节吧，也让姥姥开心开心。他骑着车就去了姥姥家，见到了他的同辈们，非常开心，大家畅谈了一气，打打闹闹，说说笑笑，痛痛快快地玩到了夜里12点，他感觉非常痛快，非常开心，非常放松，而且这一天的复习功课任务也完成了，可谓一举两得，他满意，他的伙伴们也满意，姥姥也很满意。

5.2.4 不要主动给孩子买教辅材料

有的家长觉得孩子放寒假了,正好是复习的大好时光,就到处给孩子买教辅材料,认为教辅材料买得越多孩子做得题越多,复习的东西越多,就能考得越好。这是天大的误区。现在的教辅材料太多了。北京图书大厦有教辅材料上千种,买什么好谁也不知道,名目繁多,目不暇接,无从下手去买。

如果不是孩子提示,要家长帮忙去买什么教辅材料,我认为,家长最好不要主动去给孩子买,因为第一,我们不知道孩子有没有老师指定买的教辅材料;第二,我们也不会买,我们也不知道哪个教辅材料好,哪个教辅材料差;第三,孩子有没有时间做这些教辅材料,我们也不清楚,所以家长没有必要主动去给孩子买教辅材料。

如果孩子委托家长去买,就要问清楚买什么教辅材料,是老师指定的吗?一定要让孩子把教辅材料的名字和作者、出版单位写清楚,家长按照孩子写的东西去买那样的教材,这样才能做到针对性强,目的性强,买到相对比较好的教辅材料,对孩子备战高考确实有帮助。

5.3 帮助孩子调节心态

高三寒假是学生心态调节的一个重要时期。上学期紧张的复习,孩子的心理压力很大,而且随着时间的推移,有的人压力越来越大。而开学之后，很快就要进行一模、二模考试，有的地区考前报志愿，就要在考前的一个多月开始报志愿了。紧张的事情接二连三地出现，因此抓紧抓好高三寒假对学生心态的调节非常重要，要抓住这个时机不能错过。切实使孩子的心态得到调节，压力有所减低，充满信心，以紧张而有次序的平常心去对待下学期一模、二模以及高考的到来。

那么怎么在寒假帮助学生调节心态呢？

5.3.1 充分利用春节的节日心理气氛

春节是中华民族的传统节日，在亿万中国人的心里深深地扎根。春节象征着春天的到来，意味着祥和温馨，人们相互祝福。

在欢乐的大环境、大背景气氛中，孩子会受到它的影响。因此家长要根据情况抓住时机，适当地引导孩子体验春节的欢乐，感受春节的节日气氛，减轻孩子的心理压力，放松紧张的情绪。

家长不要在寒假里特别是春节里死盯着孩子，每天复习10个小时实在是没有必要，特别是在春节，大年三十、初一、初二让孩子放松放松。当然我也不赞成大年三十、初一、初二一点书都不看，完全投入到娱乐之中，可以少看点书，既要抓空复习，也要用一部分时间充分去感受春节的欢乐，唤起生活的信心，学习的信心，展望和憧憬将来，对生活充满信心，自然有助于提高复习质量，提高复习效率。

5.3.2 尽量让孩子倾诉苦衷

高三上学期的紧张学习生活，会给孩子造成郁闷、焦虑、烦躁甚至委屈失望等心态。当孩子在寒假里特别是在春节期间与家人交谈与朋友交谈时，引导孩子尽量把自己的苦衷倾诉出来。我的经验是：一般轻度的心理问题只要能倾诉出来就是心理调节成功的一半。

因为平时学习都很紧张，很少有工夫去倾诉自己的心绪，利用寒假，特别是春节期间与孩子接触机会多，交流机会多，话题也多，这样讲出来，话赶话能把孩子的一些苦闷、抑郁、焦躁的心绪释放出来，家长再从中进行一些适当的引导、鼓励和支持，对调节孩子的心态会起相当重要的作用。

一般高三学生的心理问题都是轻度心理问题，都可以自行调节解决或是亲朋好友从侧面加以帮助和鼓励来解决。

5.3.3 营造温馨、安静的氛围

假期里，特别是春节期间，拜年的、串门的人多一些，很自然要充分利用这个气氛来调节孩子的心态。但是也要注意分寸，要有一个限度，不能是寒假期间，特别是春节放假的十来天的时间整天人来人往，电话不断。

案例

有位北京考生，家长在寒假期间约定，除了每天晚上看

7点的中央台的新闻联播节目外,其他的节目在大年三十以前不看,给孩子创造一个比较温馨安静的学习环境。否则的话,我们在这屋看电视孩子多多少少受到影响。

这位考生的父母坚持这样做,孩子感觉爸爸妈妈是在帮助自己,使他更加注意提高学习效率,一心一意备考。

爸爸妈妈和孩子商量,三十、初一、初二咱们可以看一些电视节目,欢快一下,但是希望孩子能抓紧早晚时间来复习,不要全把心思放在玩上。孩子感觉这个方案很好,过了初三,家长又恢复了原来看电视的约定:除了7点到7点半看中央台的新闻联播外,其他的什么都不看了。亲朋好友的拜年尽量在电话里进行,亲朋好友也很谅解,孩子快高考了,一般都不愿意家里受打扰,有的提出来访要求,家长婉言谢绝,对方也会理解的。

这个考生在这个安静温馨的环境里,利用短短的寒假,既放松了心态,也抓紧时间复习了功课,提高了学习效率。因为学习实力有所长进,对下学期的学习对高考就增加了信心。

六、一模前后做好四件事

过完春节，就进入最后一个学期了，随着时间的推移，高考越来越近。而且一模考试要在3月底4月初进行，家长要根据这段时间孩子的学习情况和心态的实际情况出发，帮助孩子调整好心态，促进孩子学习效率的提高，充满信心地以平常心态去迎接一模考试的到来，并且做好一模后心态的调节。

家长在这段时间要做好下面几件事情。

6.1 帮助孩子制定合理的作息时间

高三下学期开学后，不少考生都认为是该拼一拼的时候了。有人认为，只要拼就会有成绩，只要投入时间就会有结果。这个话在一般意义上也没有什么错误，但是什么事情都有一个限度，有一个分寸。在高三下学期，过于强调实践已经不适当了。在高三上学期，我提出一个口号：抓紧时间，提高效率。在高三下学期，我提出的口号是：不打时间战，要打效率战。一分钟有一分钟的效果，一小时要有一小时的效果，而不在于拼时间。如果每天夜里二三点才去睡觉，每天上午十点以后上课就会无精打采，那只会事倍功半。

因此家长在高三下学期要警惕孩子那种拼时间的倾向出现，一旦出现一定要及时帮孩子纠正。而且最重要的是，在学校开学后的这段时间里，根据学校课程复习的时间安排，建议孩子制定一个相对比较固定的作息时间。比如说，每天晚上最好不超过11点半睡觉，这就是一个限度，这样孩子在睡眠上基本可以得到保证，虽然不是特别充分，但还是可以的。

6.2 帮助孩子每天做到复习有计划

家长除了给孩子提供一个安静的学习环境外，还要根据情况帮助孩子制订一个每天的复习计划。跟孩子讨论原则，然后让孩子自己最好每天都制订个学习小计划。这个复习计划要留有余地，不要满打满算，更不要为了一门功课的复习，整个晚上其他课程的复习不能进行。

案例1

北京考生钱某数学成绩很好，他也喜欢数学，所以每天回家之后先做数学，有时间再做那些老师布置的题。但是，一旦他做起兴趣来之后，一道题做不完还坚持做，甚至一个晚上的时间都耗在数学上了，其他学科的复习巩固就顾不上了。高考可是考四门的，语文、数学、英语，以及综合科，仅仅一门课学好了，其他门功课复习不好心里也不踏实。

案例2

武某在高三寒假过后，开学后在妈妈的指导下，每天都能基本上完成老师留的作业。他妈妈特别跟他讲：如果你每天的学习计划里给数学留的时间是一个小时，一个小时里你数学作业大部分做完就可以了，有一两道难题一时做不出就不要接着做下去，因为难题你很可能在下一个复习的时间单元里也做不出来，这样就把你整个晚上的复习计划冲乱了，会变得心中无数，心里烦躁。

他妈妈告诉他：你每天晚上把你的复习计划里的大部分内容做完了就是成功，就增加了学习实力，不必求得每门功课的全部作业都做完，当然能做完更好，做不完不要紧，把那些难题放在整个晚上的计划完成后再去做，如果当天晚上确实没有时间做也没有关系，可以放在后来做。

他妈妈反复给他讲这个道理：高考并不是要求每门课的全部题都会答，要是那样的话，高考的状元成绩应该是750分，中华人民共和国建国以来的全国统一高考还没有一个人是总分满分的。

他母亲这种说法就是让孩子明白,只要高考时答对整个题的80%,你就能得600分,相当了不起了。

这个考生按照母亲的意见去做,开学后心态很平和,觉得每天都有进步,心里很踏实,一步一个脚印往前走。也有一些题不会做,但是他并不着急,因为不可能全部都会做,他明白高考并不是要你每门课都得满分。在这种良好心态下,开学后第一个月他的成绩明显上升,一模考试成绩比开学初提高了30多分,增强了他高考的信心。

6.3 帮助孩子做好开学的考试心理调节工作

不少学校在高三下学期开学时都会进行一次考试,目的是了解孩子的学习成绩与学习状况,为老师的教学工作提供真实的情况,力求做到有的放矢、针对性强。

孩子在开学初的考试后多少都会出现一些心理问题,这也是可以理解的。

有的孩子开学初模拟考试很好,但由此可能产生骄傲情绪,认为自己准备得不错了,针对这种孩子,家长要做好孩子的工作,给孩子说明模拟考试只是测试学习实力的一部分,不可能概括你整个的学习情况,当然也是你学习情况的重要表现。使孩子正确对待考试，特别是要看到自己开学考试的不足，狠抓薄弱环节，努力再提高一步。当然也要鼓励孩子，新学期第一步走得很成功，要以良好的心态继续备考。

有些考生开学初的模拟考试没有考好，由此成为一个很大的心理负担，甚至是一个不小的打击。有一个考生上学期期末考试的成绩585分，开学初考试考了一个562分，他的情绪波动很大，自己一个寒假不仅没有提高反而下降了。其实这种理解也不完全正确，上学期考试题的类型和这学期考试题的类型不完全一样，而且一次考试反映的只是你部分的学习情况，不能以此来断定你退步了。当然重要的是要找出这次失利的因素是什么，是自己的功夫下得不到？还是自己心态有问题？是学习方法存在问题？还是答题的策略技巧有毛病？通过开学初考试暴露出的问题，找出解决的方法，这在某种意义上就是一种成功。

要跟孩子说明，不要仅仅盯在分数上，分数是重要的，但要看到分数背后的那些因素，把那些因素加以解决，分数自然就会提高。

开学后的模拟考试孩子无论成绩考得好，还是考得差，或是考得一般，都会出现一些想法和看法。家长在孩子开学考试后不要过于主动去问孩子分数怎么样，根据孩子的情况可以探问一下，让孩子自己主动说出来，这样就可以在一个比较平常的气氛中来谈这件事，提供一些对策。

有的家长在开学初孩子刚刚考完就匆忙地问，分数下来没有？过于急切地问孩子考了多少分数，会给孩子造成心理压力，特别是那些开学初没考出自己平时成绩的考生，在父母多次追问分数的情况下，容易造成心态失衡，情绪低落，甚至于丧失信心，不利于迎战高考。

6.4 正确对待一模考试

高考前第一次模拟考试（简称一模），是高考前第一次也是最重要的一次模拟考试。考生和老师都非常重视第一次模拟考试，一模对考生心态的变化影响也是很大的。

如何对待第一次模拟考试，以及如何对待第一次模拟考试成绩，是非常重要的。家长也要在力所能及的范围内帮助孩子正确对待一模考试，帮助孩子调节心态。

那么家长怎么正确对待孩子的一模考试呢？怎么具体帮助孩子调节心态呢？这里我提几点建议供家长参考。

首先家长要对一模有正确的认识。一模是高考前一次重要的模拟考试，它的题型、题的分量、每题的得分、考试时间等，都尽量与高考相同，当然它不可能完全一样，但它毕竟是一次高考前的重要模拟考试。问题在于家长不要过分重视一模的考试。有的家长对待一模考试就像对待高考一样，表现过分紧张过分忧虑，这样紧张的心态会传染给考生,增加孩子的紧张情绪。因此家长首先自己要以平常心对待一模,这样才能帮助孩子调整心态。

第二,一模前和一模中,家中的气氛要和往常一样,不要显得过分关怀孩子。像有的家长,在一模前走起路来小心翼翼、非常轻,说话也声音很小,晚上妈妈一会儿送牛奶给孩子喝,一会儿拿苹果给孩子吃。这样过分关怀的家庭心理气氛,也会烘托出孩子紧张的心绪,不利于孩子以平常心来对待一模。因此我建议,一模前和一模中家里的气氛要力求和平时差不多。不要人为地制造一些紧张气氛,家长平时干什么就干什么,孩子平时干什么也干什么就行了,这样有助于用平常心来对待一模。

第三,自然地和孩子沟通。家长要通过跟孩子沟通释放孩子内心的心理压力,但是不要勉强、无话找话地硬要套孩子的想法,这样孩子会敏感地意识到,从而对父母与孩子的沟通不利。父母在这一段时间和平常一样,平时对孩子讲什么话就讲什么话,在平常自然的情况下与孩子交流,自然而然孩子会说出一些自己心里的苦闷与想法,家长就可以根据孩子的心态给以具体的帮助。在这个时期家长对孩子说话总的原则是,一模考试尽力而为,不要过高地期望孩子。

有的家长跟孩子说:你每门课要考多少分,总共要考多少多少分。这样讲其实会增加孩子的心理压力。

让孩子尽力去考,考多少算多少,孩子也会尽力去看,如果给孩子提出目标，这个目标往往不完全符合孩子的实际，就容易造成孩子的心理负担，反而不利于一模考试。

> **案例**
>
> 考生齐某在一模考试前较紧张，他给自己定出每门课一模的目标，但是又觉得自己的实力很难达到这个目标。如果能达到这个目标，他报考重点大学就有希望，如果这次模拟考试他还达不到预定的目标，他认为这次报考重点大学就没戏了。所以他把一模考试看得很重，思想压力也大。
>
> 在一模前的复习时，一天晚上他和妈妈谈到自己的想法，他妈妈非常直接地跟他讲：考多少算多少，只要正常发挥，考出的成绩就是自己的学习实力。咱们自己盲目定目标很难实现，因为试卷的难易程度是我们不能控制的，因此只要自己充满信心参加考试，尽量发挥就可以了，只要我们发挥正常就是成功。我们真实地了解了自己的学习成绩在学校里的排队位置，再经过一个多月的努力还可以提高一步，就不要为能否实现自己一模的目标去多伤脑筋了。
>
> 这个考生经过和他妈妈的谈话，心中忽然开朗，何必为自己定下的目标烦恼呢？你考出水平就是最大的成功。自己定的目标不是自己努力所能办到的，受各种因素的影响，特别是受试卷难易度的影响，何必为它而去伤脑筋呢？这个考生心里踏实多了。他一模考试发挥正常，个别科目发挥超

常，结果考试成绩比他预定的目标还高出18分。

第四，提醒孩子一模前不要睡得太晚。

不少考生把一模看得很重，为了一模能够考好，经常在拼命准备，有的考生甚至连续几天夜里两三点钟睡觉，到一模考试时精神不足，状态不佳，即使自己很有学习实力，但是发挥不好，造成很大的心理打击，本来自己觉得成绩还能达到什么水平、能排在什么位置上，结果拼命开夜车却考得很不满意。

因此家长在一模前要提醒孩子不要睡得太晚，最好不要超过12点还不睡觉。这样孩子一模前相对有较好的睡眠休息时间，状态比较好，一模就会发挥得比较好。

案例

某考生一模前认为自己复习还不到位，有些该看的还没看完，有些该做的题还没有做，心中很急。晚上他对妈妈说今晚够呛了，还有很多事没有干呢。他妈妈说：宝贝，妈妈陪着你，你几点睡，妈妈几点睡。他妈妈果然还真陪着孩子，一会儿给孩子送点吃的，一会给孩子送点喝的，一直陪着孩子到四点才睡觉。睡了两个多小时，他妈妈又把他叫醒去学校上学，这一天他只觉得精神疲倦，上午考试也没有发挥好，这个考生很有感触地说：与其发挥不好还不如当初不开夜车呢。不开夜车我也能发挥出现在的水平，甚至还好一些。

第五，家长不要催问孩子一模的成绩。

不少家长因为很看重一模的成绩，孩子考完以后就迫不及待地问：分数下来没有？数学考了多少分？语文考了多少分？家长这种急躁的心绪会加重孩子对一模成绩过分的重视。如果孩子觉得自己成绩不满意，会增加他的心理压力。因此我建议：一模之后，一般情况下，如果孩子没有提及一模考试的分数家长不要追着问。

第六，帮助孩子正确对待一模的分数。

一模的意义是很大的，但是不论孩子考得好还是考得差，都要让孩子明白，一模的成绩不等于高考的成绩，一模不论考得好坏，只要自己善于总结，并且找出进一步提高的措施，就是一模的成功。

既然一模是高考前的演习，每个考生在一模当中都会正确做出一些题来，也会暴露出一些问题，任何一个考生都不能说一模考试十全十美，不存在问题，没暴露出自己的弱点。实际上只不过每个人暴露的程度不一样而已。因此，聪明的考生会对一模考试进行认真的分析总结，总结成功的方面，继续加以巩固，总结不成功的方面、失误的方面、存在问题的方面，更好地查缺补漏。有些考生一模考得好就兴高采烈，自以为高考没问题了。这种不求上进的思想往往会阻止自己学习成绩的提高，影响高考。

有的考生一模没考好，情绪急剧波动，信心大降，甚至一蹶不振，从而把高考考砸了。

　　家长怎么对待孩子的一模考试成绩呢？首先家长对一模要有一个正确的认识，就是一次演习，就是总结经验，就是总结教训，以利于高考。一模无论考得好，考得差，只要能进行正确的总结，并且能够找出改进的办法就是成功。家长只要以这样的心态来对待一模，那孩子也能正确对待一模考试。

　　一模没有考好的考生，家长要特别重视对他们的心态调节。我多年的研究表明：一模心态调节好的考生，往往能正常发挥，一模心态没调节好的考生往往高考也没考好。辽宁省大连市二十三中考生黄某某在一模考试时没考好，并没有气馁，因为他觉得自己平时有实力，只要总结出一模失利的经验教训，高考就能考好。尽管当时他也有情绪波动，但很快就把心态调整过来，充满信心，积极应对，结果高考时考出了自己平时水平，而且成为当时辽宁省高考文科第一名。他们学校有位考生平时和黄某某成绩不相上下，一模也没有考好，但这个孩子的心态没有调整过来，乱了方寸，结果高考时成绩比黄某某差了五六十分。

七、高考前半个月家长做好九件事

不少学校在考前半个月就已经让考生自己进行复习准备了。像北京历年都是在高考前半个月学校就放假，让学生根据自己的情况再最后冲击一下，同时也调整一下心态。学生既可以回家自己复习，有问题再到学校找老师答疑，也可以在学校的教室里自己复习，有问题找老师答疑。

据我调查，北京相当多的学生是回家自己复习的。这时家长该怎么帮助孩子呢？

高考前半个月孩子的心态，孩子的复习情况，对高考的信心，对自己的实力都会有一定的、重要的影响。因此家长在考前半个月也要帮助孩子调整心态，以平常心对待高考，在那些具体问题上，饮食、睡眠等方面也要提醒孩子，并且要采取措施确保孩子的身体健康。

家长在考生考前半个月怎么帮助孩子呢？

7.1 帮助孩子安排好作息时间

高考前半个月，相当多的考生在家里自己复习。从在学校集体复习到在家里自己复习，环境变化了，学习的气氛也变化了。怎样才能更好适应这个新的学习形式和复习环境呢？

其中一个非常关键的问题是，孩子要有一个时间作息表。

在这之前，孩子在学校里集体复习，老师辅导是有明确的时间规定的，按照明确的时间规定去按部就班复习。你回到家里就要靠自己安排了，老师不会给安排，学校不会给安排，那只能靠考生自己安排了。家长有帮孩子安排好作息时间的责任。

要帮助孩子制定一个学习、娱乐、吃饭、睡觉等比较具体的作息时间。就是那些在学校里备考的孩子，也要帮助他们制定一个具体的作息时间。

有没有这样一个具体的作息时间，对孩子调整心态、提高效率极为重要。很多人误认为，我心里有数，这上午的时间我自己安排。其实那样效果并不是太好。

考生有一个明确的上午、中午、下午、晚上的作息时间安排，什么时间学习，什么时间娱乐，什么时间散步，什么时间吃饭，什么时间午睡，什么时间晚上休息。按照这个时间去做，就会形成一个生物节律，到那个时间就去学习，到那个时间就去散步，到那个时间吃中饭。使生活相对比较轻松，富有节奏感。没有这个计划，想今天上午几点到几点学习，第二天又不是这个点学习了，这样的心态是不一样的，感受也是不一样的。

因为绝大部分考生都是第一次高考，家长一定要把这一层意思跟孩子说清楚，并且帮助孩子制定好适合自己情况的作息时间。

临高考前还有半个月，据我多年的研究，有两种情况应该防止：

第一种倾向是，有些考生觉得高考就要到了，要靠自己复习了，该拼命了，于是加班加点夜以继日。这样不求效率、死拼硬搏的做法增加了孩子心理压力，容易使孩子身心疲惫，很难进入高考状态。这样拼命地学习，即使你能多学点知识，可到时候进入不了状态，心理压力大，疲惫不堪，发挥不出正常水平，实际上是吃亏了。

孩子有这种情况的家长要和孩子商量规划出一个按时间办事的复习方法，每天上午几点到几点复习功课，下午几点到几点复习功课，晚上几点到几点复习功课。并且要留有余地，不能连轴转，从早上学到晚上，尽管时间多了，也可能学习12个小时、13个小时，其实真正的效果还不如8小时、不如7小时。离高考还有半月时间，孩子着急可以理解，家长着急也可以理解，但是咱们一定要从实际出发，从效率出发，从高考的实效出发。不能靠主观愿望去硬拼。

第二种倾向是，有的考生临高考前回家自己复习功课不知怎么下手，坐不下来，一会儿做做这方面的内容，一会儿做做那方面的内容，心沉不下去。其实这也是一种紧张的表现，对高考心中无数，沉不住气。家长首先的任务是帮助孩子安下心来、镇定下来，实事求是，稳定前进。也不要力求在这半个月内使成绩上一个很大的台阶，那也是不可能的。下多大力气有多大收获那就满意了，能考出咱们现在的成绩就是成功，考出现在的水平就是成功。

处于这样情况的家长千万不要去攀比，不要经常说，你看人家谁谁谁准备报什么什么学校，看人家怎么怎么样。这样说多了孩子心烦。还是先让孩子静下心来，然后帮助他（她）制定一个作息时间表。有了一个比较合理的作息时间表，孩子的心情也会逐渐安定下来，什么时间办什么事，什么时间复习什么功课，他也就比较容易把心态平静下来，稳定下来。

在制定作息时间表时，根据我多年的研究经验，一定要留有余地，要相对地给孩子留有文体活动时间，这种活动不是去参加什么比赛或去游几个小时泳，孩子学习了一两个小时感觉有点疲倦，或一门课复习完了再复习另一门课之前，去散散步，跳跳绳，听听音乐都可以；在复习两门课的交叉之间，活动10到15分钟都很好。孩子制定一个具体作息时间，至于那段时间做什么是他自己的事，我们点到了他能办就行了。

我在这里想强调一下，最好在午饭后休息20到30分钟，再睡半小时到一小时午觉，这对孩子解除疲劳、提高下午的学习效率是会有帮助的。

家长对自我控制能力较差的孩子要多加提示和提醒,最好在高考前的半个月里不要让他上网和做与高考无关的事情。这一点务必要注意。

特别是对那些平时成绩较差、考大学希望不大的考生更要提醒。这些考生往往存在破罐破摔的想法,碰运气吧,能考上一个专科就不错了,所以他也就不再努力了,有玩的机会他就玩了。这样的考生我觉得抓好考前的半个月还是很有作用的,学过的知识不巩固,好多知识没消化,根据自己的情况在这半个月的时间里对自己的课程进行查漏补缺,稳定一下心态,努力去考,考出自己的水平。千万不要懈怠,有那种心态对正常发挥是不利的。

7.2 保证孩子三餐饮食卫生

高考前半个月,孩子在家复习和过去不一样了,过去中午饭一般是在学校吃,现在孩子在家复习,双职工家庭孩子的饭就是问题了。中午这顿饭很重要,不要让孩子凑合。有的家长说:宝贝,给你钱,你中午出去吃。孩子有时为了节省时间,到那些小店去吃,不干净就会吃坏肚子。吃坏肚子不光身体受到影响,而且在高考前出现跑肚拉稀对孩子的心态影响太大,他会感觉真倒霉。有这样一个不良心态会给他复习功课带来很大的影响。因此在这期间家长要想办法保证孩子一天三餐的卫生，中餐既要吃得好又要卫生，可以想方法，父母可以早上把饭菜做好，中午孩子可以热一热吃。总之，我的想法最好在家里吃。特别是多吃点水果和蔬菜。如果到外面吃，一定去比较干净的地方吃。确保饮食卫生，实际上是确保孩子身体健康。

在高考前半月期间也正是天气比较热的时候。从2003年起国家启动高考改革，考试时间从每年7月7日改为6月7日，5月底6月初的天气虽然不像7月初那么热，但是不少地方5月底6月初也相当热了。孩子在比较炽热的天气里复习功课往往喜欢吃些冷饮。我觉得适当地吃些冷饮也是可以的，但是一定要注意不要吃太多，也不要吃得过凉，否则容易出现问题。

曾经有一个考生在6月底时天热喝了很多冷饮，腹泻了三天，一点儿力气都没有。三天基本上都没有复习功课，每天都在医院里打点滴，而且他的损失不只是这三天的时间，而是给他心理上造成了很大的压力，对他的信心造成了很大的挫伤。

7.3 有针对性地安排好复习计划

考生在最后半个月的复习中要有针对性，不能平均用力气，也不能重复地看一遍，而要知道自己的情况、自己的水平是什么，自己的问题在哪里，然后再有目的、有重点、有针对性地进行复习。

有的考生想，半个月我力争把综合和语数外都看一遍。其实这种做法对提高水平帮助不大。会的东西已经会了，不必反复重复，不会的东西力争要会。那些简单的容易的题只要自己不马虎，会做就不要再去重复一遍了，那些自己平时概念把握得不太清的题要利用这段时间把它解决了，这样同类的题也就会做了。

在这大半月里，用同样的时间去复习，方式不一样，效果也会有很大的差别。

案例1

考生杜某在临考前两个星期自己在家复习。他的学习情况是英语水平差，综合课程成绩比较好。他在这半个月里订的计划是这样的．每天学习10个小时，其中语文2小时，数学2小时，英语2小时，综合4个小时，每天复习的次序是一样的。

他的体会是，学习很枯燥，重复学习，很疲倦，提不起精神来，只是怕复习不完才抓紧时间复习。

其实这种复习方法效率不高，高考时没有考出水平，英语成绩照样很差，甚至比平时还差，理综的成绩也和平时差不多。

他说：如果考前的两个星期能根据我的学习情况加大英

语的复习力度,而不是每门功课平均使用时间,英语成绩会比我高考的成绩多10分以上。我这样平均使用时间来复习,现在看来是很不妥当的,后悔也没用了,想当初应该多向老师咨询,多和家长商量就好了。

案例2

考生贺某在高考前半个月对复习时间的安排是这样的,根据自己的情况,有重点、有针对性地投入时间。

他的情况是数学成绩比较好,他对数学在考前半个月的复习策略是,强化数学,但不要用太多时间,他每天抽出半个多小时来做做题,练练手,热热身。而他的英语和语文基础较差,理综还可以,他就把每天的时间重点地用在语文和英语的复习上,当然也用相当的时间来复习理综。

他用比较多的时间复习语文和英语,但是不做难题,而是把最基本最主要内容的题做一做,看一看,思考思考再总结一下。

这样的复习时间计划安排得很好,效果也不错。因为他的数学是强项,高考前他又用了一定的时间去复习、去巩固、去强化,高考时数学考出了自己平时的水平。理综也考出了平时的水平,他也感觉满意。语文和英语原来的基础不太扎实,通过半个月里用了较多时间进行集中强化,他觉得英语高考能比平时的成绩提高10分左右,语文也提高了八九分，因此感觉很满意。

因为他所在的地区是考后估分报志愿，他原来的计划是想第一志愿报普通高校，他觉得根据自己平时的成绩报普通高校比较有把握，报重点大学很悬，风险很大。高考之后他根据自己这次考试的成绩估分觉得他的成绩报考重点大学也能上线，这样他的第一志愿就报了所重点大学，最后也被该校录取了。

我想特别强调的是，孩子在家自己复习期间家长要根据孩子的情况，根据孩子的学习实力和拟报考的高校当年提档线的情况，把握好高考前半个月，有目的、有重点地去复习，这非常必要。

家长还特别要注意，那些平时成绩处在专科与本科之间、处在普通大学与重点大学之间、处在重点大学与北大、清华等知名大学之间的这些孩子，他们在这半月里的复习效果好坏，对能否进入理想的学校特别重要。比如说，一个考生平时的学习成绩在专科与本科之间，家长就要和孩子充分讨论他的学习情况和复习对策，如果觉得某一门课程在半个月里头通过认真复习确实能提高7-9分，那就要进行很好的策划，确保其他课程巩固，重点突破一两门，使它们提高几分甚至10分，这样来讲，在高考时发挥得好就很有可能进入本科的提档线。

7.4 防止孩子过多使用电话

在高考前半个月里，孩子自己在家复习时可能会经常给同学们打电话，同时外面来的电话也会很多。在这种情况下家长要提示孩子，关于学习方面的讨论要简单扼要，谈话不要拖得很长，不是学习方面的电话，能婉言谢绝就婉言谢绝。因为这时孩子在紧张备考之中不能分散过多的时间和精力去谈话，有时出于情面不好应对对方，家长要把这个情况说清楚，让孩子明白，不要过多地谈一些与学习无关的话，对方也是会理解的。

7.5 备有常用药品箱

孩子在家复习功课时，正是夏天开始的时候，天气比较热，不少孩子吃冷饮比较多，有时睡觉盖得也很少，再加上复习功课很紧张，有些考生出现胃肠功能混乱，甚至跑肚拉稀，也有些孩子会感冒。因为孩子正在紧张备考，觉得没有时间去医院看病。如果不看也可能会好，但是我建议家长最好准备一个常用药的药箱，放一些考生在这一时期容易出现的一些病的治疗药，比如说准备点黄连素，一旦出现跑肚拉稀就可以吃一点，准备点感冒药和咳嗽药，孩子如果出现相关症状就可以吃一点。这样一方面有病早治，防止病情发展，影响学生的复习，另一方面家长可以给孩子及时吃药，使孩子的心理得到稳定。

案例1

考生宋某高考前半个月在家里复习，因为这个孩子容易因为吃得不合适胃肠功能出现混乱，经常腹泻，他妈妈根据他的身体特点咨询了单位里医务室的大夫，买什么药可以防止孩子出现这些情况。她按照医务室大夫的意见从药店买了一些药，结果还真用上了。孩子在临高考前10天肚子不好时，马上吃了妈妈给他准备的药，很快身体就恢复了。这个考生后来对同学说：如果我当时肚子不好，由于时间原因肯定不会用好几个小时去医院看病，但是如果老是不好就肯定会影响我的情绪，影响复习。我妈妈早就叮嘱我了，一旦肚子不好就打开药箱吃什么药，我妈妈准备得真细，也真用上了。

案例2

考生贺某的母亲对孩子的饮食非常重视，很讲究营养，但是这位母亲对孩子的穿着冷暖关心不够，高考前也没有叮嘱孩子防止受凉、感冒，只是经常说：饿了就吃，家里有牛奶，有水果，多吃点。这个孩子在高考前一星期由于夜里受凉，流鼻涕、打喷嚏，他觉得自己可能感冒了，但却舍不得花时间去医院，去买药，后来熬不住，病情越来越严重，头疼、心情烦躁，功课也复习不下去了，心情就更加急躁，第三天出现了发烧，这才不得不去医院看病，从家到医院看完病一个来回两个半小时过去了，心里非常着急。他妈妈后来非常后悔地说：想当初如果我准备点感冒药也不至于发展到发烧，还得上医院看病，耽误时间，影响高考。

7.6 家长不要请假在家陪读

有些家长高考前半个月孩子在家复习时请假在家陪着孩子备考，照顾孩子的生活，其实没有必要。

请假在家陪孩子备考容易让孩子产生心理压力，父母这么关注我，我考不好怎么办，考不好怎么对得起父母。这更会使他增加一种急躁情绪。

家长只要把该料理的事情料理好，把孩子该注意的事情说清楚就足够了，这种过分地关心孩子往往使孩子情绪不稳定，不利于孩子的高考。

有的家长跟我讲：王老师，我也知道，我请假在家陪孩子复习也帮不上什么忙，虽然过去念过高中，几十年过去了早就忘了，现在学生的东西和我们那时也大不一样，具体的真是帮不上什么忙，但是我为什么还请假在家陪孩子学习呢，就是看人家别的家长都这么做，特别是我们单位有两个考生家长请假回家我就坐不住了，我要是不请假回家陪孩子学习，人家会说：你这当妈的，到这个关键时刻还不关心孩子，人家不都请假回家了吗。所以我并不认为我回家陪孩子复习就能提高孩子的复习质量，这点我明白，我是迫于面子，迫于压力才请假回家的。实际我一想，这也没有必要，有什么好处呢，就是面子的事，而实际上对孩子并不利。

7.7 预防感冒

临考前孩子生病，不仅会对孩子的学习有影响，而且会对孩子的心情产生重大作用。

高考前孩子易生的病主要有腹泻与感冒。按理说，六月份的天气不容易感冒，但是，考生在家复习功课，天热了开空调或吹电扇，有的开空调开时间太长，温度太低，有的电扇直吹身上，长时间下去就容易受凉感冒。有的考生复习到很晚，夜里两三点钟才睡觉，爸爸、妈妈已经休息了，他自己躺下就睡，连个床单都不盖，也容易着凉。

再有一点，备考期间，孩子身心都很紧张，因此都很疲劳，身体抵抗力相对比较低一些，容易在受凉的情况下引起感冒。当然，感冒是小病，是常见病，但是在高考前感冒，造成又流鼻涕又咳嗽，这不仅会给复习带来不便，而且主要还会使孩子心情更加烦躁，情绪更加紧张。孩子心情烦躁紧张对复习的影响，远远大于感冒本身对复习的影响。

每年都有一些考生高考前因为不注意而得了感冒，所以考生孩子在家备考期间家长要提示、劝告孩子不要受凉，空调不要开得温度过低，不要直对着电扇吹。家长在节假日里和下班后要看看孩子室内温度如何，要帮助孩子控制好室内温度，不要因温度过低而受凉。

父母夜里起来时不妨到孩子屋里看看孩子睡觉盖得怎么样，如果没盖东西帮助孩子盖上去。

父母这些事情是能做到的，而这些正是孩子容易忽视的地方。父母提示孩子注意别受凉就能避免影响高考偶发因素的产生。

> **案例**
>
> 考生刘某高考前在家备考期间，觉得天气非常热，就把空调打开，而且温度很低，后来患了感冒，但他仍然开空调，所以感冒越来越重，不断咳嗽，而且越是睡觉时咳嗽越重，严重地影响了睡眠。本来他的学习不错，但是由于连续数天的感冒，不仅影响了学习的效率，而且处在烦躁、抑郁、不安的情绪状态下，就是在考场上考试时也咳嗽不断，自己虽然尽力克制，但还是不能避免咳嗽，自己也感觉不好意思，影响了别人高考。他的高考成绩比他根据一模二模推测的结果低了十五六分。他感觉非常痛心，

非常遗憾，他的父母也为此很难过。

7.8 提示孩子积极地休息

在高考备考期间，孩子在家里一头扎在书里头，一个上午连轴转，一点也不休息，没完没了地做题。其实，大家都知道这种做法效率并不高，可是孩子在高考备考的情形下往往就忽略了这一点。有的孩子累得头昏脑涨，无精打采，疲劳不堪，不仅影响复习效率而且心情很坏。

家长要根据孩子的爱好和习惯，提示孩子学习一两个小时休息10分钟或一刻钟。怎么休息呢？要根据孩子的喜好来进行，最好是积极地休息，通过其他活动来进行。孩子爱听音乐那就让他/她听听音乐，消除疲劳情绪，焕发良好心情。家长还可以提示孩子做一些室内的活动，例如做做俯卧撑等，或是到小区里散散步、慢跑等。这些都有助于消除疲劳，焕发精神，提高复习效率。

孩子在家备考，怎样休息才会获得好的效果，怎么休息可能会有不良效果，做家长的都应该有所考虑，提出相应措施。有的考生自我控制能力很差，平时非常热衷于网络游戏，这样的孩子家长就要提示他，在高考备考期间不要打开电脑，或是跟孩子商量好，高考期间把电脑收起来，他就不会打开它了。如果一打开电脑他可能就会控制不住，就想上网，一上网就收不回心来。倒不如咱们干脆从根上消除上网的途径。其实这样跟孩子商量，有的孩子是能接受的，他知道自己就是控制不住自己，打开电脑一上网就无法控制自己了，干脆把电脑收起来也就不想上网了。

对那些学习较差的孩子更要注意，不能因为网络的引诱而耽误了大好的备考时间。这些学习较差的孩子本来就对高考信心不足，有的破罐破摔试试看，考上就考上了，考不好也没有办法。有这种心态的孩子很容易在网络的引诱下在高考备考期间迷失方向，一头扎在网络里，丧失了备考的良机。

孩子在家备考期间能不能看电视？这是家长们经常向我提出的问题。我个人的意见是：具体问题具体分析，孩子看一点电视也没有什么大问题，特别是在学习疲劳的时候看看电视还能焕发自己的精力，焕发自己的生活兴趣。当然，看电视不能时间过长，看看新闻联播，看看一些文艺节目，时间在10分钟到20分钟之间，这样也是可以的。

7.9 多和孩子交流

孩子在家备考期间，可能有各种各样的心理活动，有各种各样的情绪变化，这也是很自然的。题做得顺利心情就好一点，题做得不顺利心情就差一些。家长在这段时间里，特别是休息时和吃饭时要多和孩子聊聊天，说说笑话，使孩子能用一颗平常心来对待这次高考。多跟孩子聊天，孩子就可能把自己的心事倾诉出来，孩子的心理问题不要憋在心里头，说出来是成功调节好心态的一半，越积压越多，积压越多内心的心理压力越大。

如果有条件，我还建议家长在这一期间的晚饭后和孩子一起出去散散步，遛遛弯，这样不仅有助于孩子的积极性休息，而且在散步中聊天也会解除孩子的心理压力。

由于考前心理紧张，有些女生会月经失调，这是比较常见的躯体化现象，即心理紧张在身体上的表现。女孩阅历浅，经验少，出现月经失调现象心情往往会更加紧张，既怕影响身体又怕影响高考，做母亲的在和孩子交谈当中要了解孩子生理上的情况，并且针对性地给予一些指导和帮助。

首先要告诉孩子，出现这些情况并不奇怪，并不是什么毛病，主要是高考前的紧张引起的，不必惊慌，不必害怕。而且，据我的研究，绝大部分考前月经失调的考生考完后自然而然地就恢复了正常。家长要以此来消除孩子的恐惧感和担心。

第二，不要给孩子去买什么药或进行什么调节，要顺其自然。

第三，要帮助孩子做一些物质上的准备，备有充足的用品，这样孩子在有情况时能及时处理，免得造成恐慌，心里不安，影响情绪，影响备考。

案例1

高考前我的邻居领着一个女孩子来找我，说自己心里害怕、恐惧，在交谈中才知道她的月经出了问题。我斩钉截铁地告诉她，你顺其自然，不必担心，高考后一定会好的。一方面这个孩子对我对高考的研究有所了解，另一方面这个女孩也从我的邻居那里知道了我20年前就在北京妇产医院做妇女心理研究工作，对这方面确有一定的经验，因此她很相信我的话。我们谈话结束时这个女孩露出了灿烂的笑容，她对我说：王老师，我现在好像一块石头落地，心里很踏实了。

高考她考得不错，考出了自己正常的水平，甚至还有点超常发挥，如愿以偿地考上了自己的第一志愿学校第一专业。

八、高考前最后一天家长做好六件事

6月6日是考试前最后一天,这时大多数考生都会有不同程度的紧张,这是很自然的现象。

6月6日孩子的表现大体可以分为两种。一种是抓紧时间复习,恨不得6月6日这一天能把6月7日要考的两门课程从头到尾再复习一遍。有的考生认为还有些难题没做呢,有些试卷没做完,万一考那里面的东西不就傻了吗。总之,他们还是加班加点,拼命复习。这样做只能增加紧张气氛,挫伤自己信心。有的考生一旦新的试卷不做会做心里就更加发毛。而且6月6日那天过于劳累,容易筋疲力尽,也会影响第二天考试的精力和效果;

还有些考生的紧张表现是坐不住,安心不下来,一会儿做做语文卷子,一会儿做做其他的东西,放不下心来,注意力不集中。这当然也是一种过于紧张的表现。

6月6日家长做什么呢?我认为应该做好6件事。

8.1 帮助孩子生活富有节奏感

有的家长误认为：明天就要高考了，今天放松放松吧，出去玩玩吧，或是去游泳，打打篮球，累一累晚上可以睡个好觉，第二天可以考得好。

有的家长认为：考前要彻底放松，完全放松，甚至有的人提出，考前三天什么都不做，就是玩，就是疯，一点也不想高考的事。

我认为这是一种很不正确的看法与做法，完全放松就会使你的状态进入另一种状态了，等到考试时，往往由于完全放松了，完全脱离了高考状态，进入高考状态进得慢，就会影响高考的发挥，影响高考成绩。

> 案例

有一个考生田某高考前五天全玩了，他爸爸告诉他：你复习得差不多了，你就玩，把高考在脑子里暂时忘掉，玩他几天，想玩什么就玩什么，只要高兴就行，欢欢乐乐，高高兴兴，不要有什么负担，痛痛快快地玩，彻底解放解放，彻底放松放松。

结果这个孩子还真按他爸爸的办法做了，倒是彻底放松了，他怎么放松的呢？就是在网上玩游戏，玩得十分开心，好长时间没有这么玩了，玩得太高兴了，太得意了，满脑子都是电脑游戏的事，怎么怎么进攻敌人。结果6月6

日心里就发毛,他跟爸爸讲:我怎么觉得我对高考不放心呢,我满脑子里都是游戏里的战斗情景。

第二天高考时自己觉得状态不行,有的本来很熟悉的东西却一时从脑子里提不出来,手写不出来,思维不流畅,解题思路不清晰,效率很低,第一天就没考好,心情坏极了,第二天也没考好,整个高考下来自己估计比平常成绩低三四十分,结果勉强考上自己第三志愿的学校。

用他的话说我报的第一志愿的学校已经比较保守了,没有特殊情况第一志愿的学校肯定会考上,没想到彻底放松放松将我送到了第三志愿的学校。

咳,我爸爸的馊主意可害了我,当然我爸爸也是为了我好,哪知帮倒忙了。

我建议高考的前一天,即6月6日的作息时间要和高考的前几天差不多,基本保持原来的那种内容和作息时间,也就是说,什么时间吃饭,什么时间休息,什么时间学习,什么时间睡觉,都基本上和过去差不多,就很容易使人的身体保持固定的生物节律和心理节律,人在一定的生物节律和心理节律下进行学习和工作就会感觉相对轻松,相对安静,相对舒适。

8.2 做做题，练练手，热热身

6月6日了，明天就要高考了，有些家长出于爱护就对孩子讲：今天不要太累了，翻翻笔记就行了，不要再做题了，别累着了，明天好轻轻松松参加高考。其实就是6月6日，也要做做题，是练练手，热热身，找找感觉，明天高考时，做起题来就可以马上进入状态，有利于正常发挥。

我这里特别强调一下，有的考生甚至高考前一星期都不做题，仅仅是每天看看教科书，看看笔记本，看习题集，看卷子，而不做试题，不做卷子，这样容易造成手生，造成高考时进入不了状态。

有一个考生平时成绩非常好，高考前的模拟成绩一般都在670分到680分左右，高考时却只考了630多分。我问他为什么没考好，他说：高考前一星期没做题，只是看书，看笔记，看卷子，到了高考时拿起卷子一做题就感觉手生，觉得来得慢，从而影响答题速度，影响了正常发挥。

我建议考生高考前在家备考期间每天都适当做些题，不要做太多，主要是做那些已经做过的题，一做就会，一会就有信心。另外通过做题来练练手，找找感觉，使自己的状态一直在良好的考试竞技状态之中，这样高考时马上进入状态，马上启动大脑，挥笔答题。

状态对高考是非常重要的，一个考生能不能进入状态，对高考的发挥至关重要，就像运动员一样，能否进入状态对竞争的成绩影响很大。百米赛跑预备的时候就要进入状态，两手扶地做好枪响马上冲出的准备，这就是一种状态。如果有的运动员不蹲下去两手扶地或是在那里东张西望，注意力不集中，一旦枪响之后就会速度比较慢，在起跑线上就认输了。能不能进入状态就是在起跑线上能不能与别的考生平等竞争，平等比赛。

所以高考前，即使是6月6日也要适当做题，不要时间过长，目的就是练练手，找找感觉，使自己完全处在考试状态之中。

8.3 适当休息

在6月6日，家长还要适当提示孩子休息，根据作息时间该学习学习，该玩时玩，当然这种休息也要有所注意，不要看那些强烈刺激性的电视节目，也不要玩那些使孩子疲劳的游戏，调整心态，保持一个平静的、饱满的情绪。

家长要提示孩子在6月6日不要去参加什么比赛，像篮球赛等，也不要去游泳，认为这样可以使身体上疲劳一些晚上睡个好觉，第二天好考试，实际上，有时结果适得其反，有的考生游了几个小时身体很疲劳，第二天进入考场还感觉肌肉酸痛。因为好长时间不这样去玩了，游得时间太长，容易疲劳，结果是第二天考试精力不足。

总之，6月6日的休息第一要注意安全，第二要避免疲劳，焕发精力，第三要心态平和。

8.4 落实物质准备

孩子高考的物质准备要让他亲手去做，家长不要代替，代替往往会漏掉一些东西。或者相互依赖，谁都没有做。高考是孩子自己的事情，他理所当然应该自己去准备，而且他经历了准备，会心中有数。但是家长一定要督促孩子，甚至进行必要检查，以求完完全全地落实，实实在在地落实。

要建议孩子把高考应该准备的东西写在笔记本上或是纸上，一一落实，落实一项勾画一项，不要只用脑子想，有好多东西要准备，只用脑子想可能会忘掉某一项。而且我建议，这些准备不完全在6月6日进行，应该在高考前几天就进行，6月6日主要检查落实，一旦发现有准备不足和落下的东西，就写上进行补救。

有一位考生在6月6日晚上妈妈提醒他，你的什么什么笔准备了吗？他妈妈这样一提醒孩子忽然觉得紧张起来，现在这种铅笔已经用完了，我曾经记得要买，但却忘了。心里马上很紧张，而且已经是晚上9点半了，商店都关门了。考生和家长立刻分头向同学和同事求救，忙了一个多小时才从一个同学那里借来了一支那种型号的铅笔，急得家长满头大汗，心里发慌。本来6月6日晚上应该心态比较平静一些，却由于一支铅笔没准备好闹得心里很紧张，这对孩子以平和心态来迎接高考是不利的。

另外，也要提醒和督促孩子6月6日到考场去查看，看看行车路线或步行路线，对这些都有所准备也是非常重要的。对高考的物质准备是非常重要的，家长要在6月6日那天确保落实，确保万无一失。

8.5 帮助孩子6月6日晚上睡好觉

6月7日就要高考了，6月6日晚上怎样睡好觉也是广大考生和家长非常关心的问题。

高考毕竟是个大考，是孩子18年以来所面临的最大一次挑战，孩子有些紧张是完全可以理解的，有些孩子可能比较激动，有些孩子可能有点恐慌，这都是可以理解的。但是，孩子过于恐慌、担心、焦虑，可能在一定程度上影响睡眠的时间和睡眠的质量。因此，很多家长和孩子都非常看重6月6日晚上该怎么睡好觉这件事。

看重6月6日晚上的睡眠质量是很自然的事，但是，过分看重6月6日晚上的睡眠质量，有可能增加孩子的心理压力，反而给孩子增加焦虑，使孩子睡不好觉。

6月6日孩子怎么睡好觉呢？

我建议：第一，以平常心对待6月6日晚上的睡眠。

就是说平时几点睡就几点睡，不要提前睡。有不少家长和考生都认为：明天就考试了，今天晚上早点睡吧，睡个好觉迎接明天的考试。

这种做法不可取，因为人的生活作息都有一个生物钟现象，什么时间干什么，已经养成习惯了，一到时候人就进入了状态。有的人每天11点睡觉，到了11点他自然而然就睡着了，你让他9点睡他睡不着，这是很自然的现象。有的同学早上6点半就解手，每天如此，自然而然到这个时候就会去上厕所。尤其是大便，如果某一天特殊原因造成6点半没有去厕所，常常拖到11点或者12点就拉不出了。

我的经验认为，6月6日晚上家长和考生以平常心对待睡眠就是不要太看重它，平时几点睡就几点睡，到时候自然而然就睡了，也许由于高考了有些紧张，有些焦虑入睡慢一点，也没有关系，有生物钟节律在起作用总是会睡着的。

第二，家长不要给孩子吃安眠药。

有些家长6月6日晚上看见孩子睡不着觉，特别是到了一两点还睡不着就慌了手脚，在束手无策的情况下，只有选择给孩子吃安眠药了。虽然孩子吃了安眠药以后很快就可以睡着，但是早上药物作用还没有解除，起来后到学校里考试也是迷迷糊糊，头脑不清醒，严重影响考试的发挥。

大家都知道，青年人，十七八岁的孩子在春节时玩得兴头很大的时候，即使一夜不睡觉第二天脑子也很清醒，还有的孩子在假期里玩电脑，上网玩得入迷玩得开心的时候，通宵达旦，第二天上午精力也很充沛，特别是如果第二天上午还是上网玩的话，一点也没有疲劳的感觉。

十七八岁的孩子偶尔一晚上不睡觉对第二天的效率会有点影响，但是影响不大。所以即使一晚上不睡觉也不要挂在心里头。

重庆市高考理科状元杨禅考前晚上就一夜没睡觉。我问她：你都想什么？她说：什么都想，顺其自然，想到什么就是什么？但是，我就不想睡不着觉对高考的影响。结果一夜没睡觉，但是第二天高考，上午语文考得也不错，中午睡了一个小时午觉，下午考得很好。

第三，采取一些方法促使孩子入睡。

如果平时孩子睡觉就不太理想，特别是有事的时候常常睡不好觉，我们不妨采取一些方法帮助孩子入睡，在下面我提供几种方法。

一种方法是睡前喝点热牛奶，可以帮助孩子入睡。

另一种方法是睡前用热水洗洗脚，泡10分钟到15分钟，可以有助于孩子入睡。

第三种方法，用自己的右手大拇指按摩左脚脚心的涌泉穴，涌泉穴就在脚心凹下去的地方，因为你的一个手指头，按摩一个点的穴位，手一压就压上了，先顺时针缓慢地有节奏地按摩36次，然后再用左手大拇指按摩右脚脚心的涌泉穴36次。

第四种方法，睡不着时可以按通常的方法数数，从一数到一百，反复地数，不慌不忙，不急不躁，可能会有助于睡眠。

如果觉得自己的兴奋点对某一个情节兴奋得比较厉害，甚至头脑中出现明天考试不利的场面，我建议考生，你可以想你过去考试成功时的情景，用良好的情景印象去压倒、抵消、减弱不良想象的刺激效果。

8.6 帮助孩子做好应急方案

我们在高考前和高考中以平和心态来迎接高考，力求情绪稳定，含有一定的饱满度。但是，为了确保在最坏的情况出现时，不惊慌失措，能冷静对待，采取适当措施解决，在高考前应该有一些应急方案。当然，不仅仅是在6月6日晚上才想到这些应急方案，在高考前一星期时就应该有所考虑。

应急方案包括很多方面，比如说万一到考场的路上出现问题怎么办？到了考场一旦找不到考号对应的座位怎么办？发下的卷子如果有缺页和空白怎么办？自己文具出现问题怎么办？准考证万一遗失怎么办？等等。

当然，这些问题出现的几率很小很小，但是要有所准备，而且这些问题一旦有所准备、有应急方案，解决也是很容易的，这并不是自己吓唬自己，自己给自己找麻烦，自己给自己想坏事，不是的。因为高考是件大事情，有好多影响它的因素存在，想一想出现了最坏的情况怎么去应对，而且准备好策略应对，并不是很难的事情，这样就会心里更踏实，更有助于心态的平衡和稳定。

九、高考前家长"五要五不要"

　　家长的一言一行、一举一动都会间接或直接影响孩子的心理与行为，因此，考前不仅考生要调节好心态，家长同样要调节好心态。

　　我们很多家长愿望是好的，希望孩子考得好，希望孩子发挥好，可是自己的言行本身不但不能帮助孩子，而且给孩子造成很大的心理压力，适得其反。我们家长的一言一行，一定要给孩子高考加分，不要给孩子高考减分。当然，孩子高考考得好坏主要是由孩子的学习实力和心态来决定的，但是家长的心理状态对孩子高考成绩也是会发生作用的。

9.1 情绪要稳定

　　高考前，学生由于临近高考，课程复习不够满意或是感觉有些作业还没做完，有些参考书还没有看完，有些习题还没有做完,情绪上可能有些波动,某些题会做就感觉情绪高一些,某些题不会做心情又不好了。在某种程度上,孩子有这种情绪波动也是可以理解的。

问题是我们家长要力求情绪上比较稳定,这样就会通过暗示、模仿、感染的心理机制帮助孩子心态平稳。家长的稳定情绪在一定程度上起着平衡孩子心情的作用。

有一位家长一听说今年报考某大学的人数非常多,情绪变化非常大,造成孩子一段时间的心态不稳定。那个孩子曾经跟我说:"我那段时间情绪低落,本来功课复习得还不错,心情也比较好,虽然有一点紧张,但还说得过去,我看我爸爸整天那个紧张劲,说今年那个学校报名的太多了,这可怎么办?弄得我心里七上八下的也定不下心来复习功课了。"

因此,高考前家长力求情绪稳定,心态平和,家里的一切活动和过去都一样,这样才会有一个平和稳定的心理氛围,有助于孩子的情绪平和。

9.2 心情要愉快

考生在高考前本来心情就有点紧张,甚至有点低落,如果家长再愁眉苦脸、唉声叹气,更会使孩子心情低沉。家长以饱满而愉快的情绪生活着,那就会感染孩子,使孩子的情绪也会比较平和。

有一位家长告诉我，高考前我还和平时一样，吃饭前放一些孩子要听的轻音乐，一边吃一边听音乐，大家的心情都很轻松，舒舒服服，有说有笑；另外，在高考前一段时间每天晚上儿子休息时我就放点相声的VCD，全家坐在一起欣赏，听听相声，说说笑笑，大家非常轻松。反正我尽量营造一个比较宽松欢乐的家庭气氛，这样就冲淡了孩子的低沉情绪。我这样做还是比较有效果的，孩子高考前半个月在家复习功课情绪一直都比较好，有这样一个氛围就不会把高考看成是决定人生的头等大事，把高考这段时间看成是倒霉的、不堪回首的六月。

也有的家长情绪很苦闷很低沉，造成孩子很紧张。我在中国人民大学附属中学考场，看见在考场旁边的台阶上，有很多家长坐着等孩子考完试出来，我看到有一个中年妇女满嘴是泡，我就凑过去问她："大姐，你的嘴怎么了？"她说："别提了，高考前半个月我们单位有些家长请假全程照顾孩子，我本来想没有必要，但是一看人家都回家照顾孩子，我在这里上班，别人会不会认为我不太关心孩子高考，我也很只好请假回家。

"可是我是'文化大革命'毕业的初中生，我不能帮助孩子解决什么问题。瞅着孩子每天那么紧张，我的心里干着急，一急就急得嘴上起了这么大的泡，我儿子就问我：妈，你嘴怎么了，怎么起了这么大的泡哇？我就跟我儿子说，我是吃辣椒吃的。我儿子说：妈，平时你不吃辣椒，怎么单单等到我高考前你吃辣椒呢？妈你就别蒙我了，你就别急上火了，你心情不好我心情也不好，你郁闷我也郁闷。"

孩子看出妈妈心事了，开始给妈妈做工作。这位考生的母亲跟我讲："本来想回家照顾孩子，没想到帮了倒忙，自己情绪不好影响了孩子。"

9.3 只要孩子尽力就行

高考前有些家长唠唠叨叨，特别是母亲，没完没了嘱咐这个、嘱咐那个，不要马虎，要仔细，翻来覆去地就是那些话。

有的考生对我讲：王老师，我妈妈从小学一年级就跟我讲这些话，讲了12年，到现在还给我讲这些话，你说烦不烦呀，快高考了还唠叨，心里真烦得慌呀。

所以说，为了使孩子有一个比较安静的学习环境，有一个好心情，千万不要唠叨，特别是母亲。

不少高考考生告诉我：爸爸妈妈在高考前，除了生活上的交流之外对我的考试就说了一句话，孩子，只要努力就行了。爸爸妈妈这样说我心里就有底了，就有主心骨了，就有定心丸了。我肯定会尽力的，这样我就是考不好，爸爸妈妈也会理解我，也会原谅我的，他们知道我尽力了，我也不会不尽力，干吗高考我不尽力呀。我都18岁了，还不知道这件事情的重要性？所以我会尽力去考的，考什么样是什么样，所以我觉得父母说这种话对我解除心理压力非常有作用。如果我爸爸妈妈说：你一定要考多少多少分。那我肯定会有很大的心理压力，考不好他们会埋怨我。

我记得很多高考状元的家长也是说这种话的，比如说，广东高考状元许顺就说："我爸爸妈妈在高考前就跟我说了一句话：孩子，只要尽力就行了。我肯定会尽力的，听了爸爸妈妈的话我很受鼓舞，我感到很温暖，爸爸妈妈这样体谅我，实事求是，我肯定会尽力去考了，因此我的心里也不紧张，尽量发挥，没想到不仅考上了北京大学，而且还成了状元。"

9.4 确保孩子身体健康

高考是侧重考核素质、考核能力的，实际上高考也是考核身体素质的。在高考前已经进行了身体检查，已经考核过了，能参加高考考试。在考场上一般情况下是不考身体素质的，但是如果身体素质表现特别差，也是很难胜任高考的。所以说尽管高考考场上不考身体素质，但是一定要确保孩子的健康，使孩子有正常进行高考的基础。

在高考前家长怎么注意孩子的身体健康呢？怎么确保孩子的健康呢？

要保证孩子吃得好，吃得卫生。

高考前不要给孩子吃大鱼大肉，不要给孩子吃山珍海味。孩子要摄取的营养一般正常的饮食都含有，大热天的给他吃大鱼大肉大虾，他不想吃，没有食欲，另外吃了以后闹不好不消化，拉肚子。所以高考前在营养方面家长要注意饮食平衡，素食和荤食要结合起来，光吃素的怕营养跟不上，光吃肉也不行。为了孩子食欲好，一般情况下孩子爱吃什么吃什么，他喜欢吃什么就吃什么，另外吃饱也很重要，因为高考复习要消耗很大的体力和热量，如果热量跟不上，体力会下降，也影响学习，牛奶、鸡蛋这些富有蛋白质的食品要每天吃，做到这些就会有体力和精力投入到学习中去。

我觉得在饮食方面，家长要特别注意讲究卫生，不能使孩子发生胃肠疾病和胃肠紊乱，尤其注意不要吃隔夜的食物。因为有的考生自己在家复习功课，爸爸妈妈正常上班，这就要把孩子的三顿饭安排好，或是到外面较卫生的饭店去吃，或者是父母准备好让孩子热一热吃，但一定要注意卫生，不能马马虎虎，到那些不卫生条件不好的小店去吃饭，闹不好就会得急性肠胃炎，上医院，耽误了时间，影响了情绪，影响了复习速度和质量。

某省考生小郑，爸爸妈妈每天上班，高考前几天他自己在家复习，父母给他钱让他到外面去吃饭，他在家附近的一个小饭店吃饭后得了痢疾，在医院打了好几天点滴，心情很不好，感觉非常倒霉，心里着急，越到高考越得病。

所以这些事情家长都要想得周全一些，防止发生那些意外情况。高考前两天比较热，孩子要多喝水，要保持体内充分的水分。我认为最好就喝凉白开水，但不要喝过冷的水，有的孩子从冰箱里拿出冷冻的水就喝，本来高考前就有压力，精神比较紧张，胃肠系统可能本身就有点紊乱，如果再喝很凉的水，一刺激就很容易造成腹泻，腹泻不仅对身体有影响，而且对心理也有影响。

高考前也要防止感冒，因为天气比较热，有些孩子在家学习时整天开着空调，不仅空气质量不好，而且由于贪凉容易患感冒发烧，这样不但影响了身体也影响了心情。在这方面家长要特别嘱咐孩子，天气太热开空调时要把温度控制在24到26度之间，不要太低也不要时间太长，要经常打开窗户透透气后再开空调，晚上最好不要开着空调睡觉。

尽管这些事看起来都是一些小事，但一旦不注意出了问题就是大事情，所以家长在这些方面一定要多留心，多嘱咐孩子，并采取一些措施以确保万无一失。

高考前家里也应该准备一些常用药品，最好准备一个小药箱，放些常见病所需的药物以备急用。因为高考前孩子的时间非常紧张，一般小病他不想上医院，怕麻烦，怕耽误时间。例如，嗓子疼如果上医院连排号带看病拿药就得大半天时间。如果家里有药，一旦感觉哪里不舒服吃点药一般就会好起来，所以要做到防患于未然，灭病于早发。

家里备点常用药，家长心里也放心，夏天天气热，高考的压力也大，有点小毛病也是在所难免的，但是有问题时要及时得到治疗，免得小病变成大病。

9.5 做好必要的督促检查

孩子在高考前的准备过程中，有的时候家长必要的监督和指导也是非常重要的。

孩子在高考前忙忙碌碌，心里只想着考试的事情，对考试的物质准备、考点的位置、路程等都忽略了。这些事情虽然都是小事情，但它是高考的重要环节，这些环节没做好也是会影响高考成绩的。而我们家长在这些事情上也最能帮上忙。

但是我在这里特别郑重提醒家长，我们家长只是提醒、督促与检查，千万别代替。一代替就会使孩子疏忽了自己的责任，完全依赖父母，结果父母往往对自己该做的事情也不全知道，相互依赖造成不良的后果。

关于考前文具等的准备。考前家长要提示和督促孩子把考试的准考证、钢笔等准备好。我的意见是不要6月6日晚上准备，我觉得那样晚了一些，如果6月6日晚上准备文具发现有的没到位，天晚了有些中小城市和农村的商店早已关门了，东西不齐孩子的心里就会发毛发急，心态不好影响当晚的休息。因此我建议考生要在6月4日就把这些必要的考试物品准备好了，装在一个透明袋子里，放在自己桌子的右上方，家长也可以检查检查。

高考无小事，这里我还想详细讲一下，有些家长高考前给孩子买了新笔，其实我觉得没有必要，原来的笔，因为他用着习惯了写起来比较顺当，买来新笔甚至有的考生用都没用过，直接拿到考场上来用，天热有的钢笔和圆珠笔搞不好会漏水，如果漏在卷子上一大片你说会多懊丧，污染了卷面心里能好受吗？惹得一时心情急躁，或者很懊悔，都会严重影响考试的发挥。

高考前对考试的物品的准备要以平常心来对待，不要特别重视准备一些新的、特别的物品，这样不利于以平常心来对待高考。

准考证一定要放在透明塑料袋里的明显位置，还要督促和提示孩子6月7日早上走的时候再看一眼。有的学生忙忙叨叨，6月6日以前他把准考证从塑料袋里拿出来夹在别的书里，6月7日上考场时自以为带了，实际上没有带。马马虎虎造成很大的心态混乱，影响高考情绪，影响高考进入状态。每年都有这种情况发生，家长送孩子上考场，结果孩子认为准考证是妈妈带着，妈妈认为准考证是孩子带着，往往都是走到半路才发现，准考证没带，再返回去取，这下对孩子的心态刺激太大。

有一年高考北京发生了一件事情，一个孩子参加高考走在途中孩子问妈妈，准考证带了吗？妈妈说：不是你带着吗？结果谁也没带，这样，连忙返回家去，拿了准考证再打车直奔考场，由于路途远又堵车,到考场已经过了9点半,考生下了车,以百米赛跑的速度冲向了考场大门,门卫的第一道防线没来得及拉住他,他直奔考场教室,但在考场教室门口被拦住了,因为按当时的规定,晚半个小时以上不得进入考场教室。他妈妈瘫在出租车上下不了车,辛辛苦苦12年为了孩子高考,一时的疏忽造成千古恨。

所以在这里我还要问一句:高考无小事,我们家长千万千万要慎重对待。

高考时孩子要戴着手表掌握好时间。但因为手表而耽误和影响考试的事情也时有发生。

沈阳的一位考生家长对我讲:高考前一天晚上我的父亲对我儿子说:孙子,早点休息吧,爷爷给你上上表,你就放心睡觉吧。我的父亲老眼昏花没看准多上了一小时,第二天上午考语文,我儿子就觉得今年语文试题怎么这么多,忙忙叨叨总感觉时间太紧怎么做也做不光,仓仓促促丢三落四地往后赶着做,一看自己的表已经到了11点半,但是周围的同学好像都在若无其事地在那里做题。他举起手来,老师问他有什么事。他说:老师已经到11点半了,该交卷了吧?老师说现在时间是10点半,还有一个小时才到交卷时间。这个孩子就觉得大脑里轰的一声:哎呀,语文卷子忙忙乱乱,写得乱七八糟,作文也很仓促地做了,该怎么改呢?真是苦恼万分。当天考试结束后他没有回家,而是来到一条河边散心,他爸爸急得不得了,到处去找,最后找到他时问他是怎么回事，他把事情的经过说了一遍，这位家长安慰了一下孩子，连忙带孩子回家吃饭休息，准备下午的考试，当时也没告诉他爷爷这件事。

山西的一位考生考取了中国人民大学经济学院，他和我说起一件发生在他们那里的事情。山西吕梁山区比较落后，人们的生活比较贫困，一位准备高考的考生从来没有戴过表。临考试时他的妈妈想方设法为他借来一块表，让他戴着去考试。考理科综合时他的表停了，但他不知道，他觉得离高考结束时间还很长，而后面还有四道大题没有做，他觉得可以很从容地做完后面的题，但时间很快就到了，有好几道题没来得及做，丢了不少分。本来根据他的成绩来看，考取清华大学是铁板钉钉的事，但因为表的问题他没有考上清华大学，但还是考上了中国人民大学，看来这个孩子还是很有学习实力的，如果没有表的问题，考上清华大学确实不成问题。

高考前，6月6日督促孩子到考场去考察也是很重要的，这样第二天上考场时一般就不会有什么恐慌心理。高考是大事情，如果考前不到考点去考察考场情况，第二天临考时会感觉紧张而慌乱。

考场离家近的考生，家长应该建议他步行去考场，一般路程在步行15分钟到20分钟范围内的可以步行到考场，这样的距离如果乘车会很麻烦，如果遇到堵车也许还会误事。如果路程在40分钟以上的可以骑自行车去，这样最方便快捷，骑车10分钟就可以到达了。如果离考场10公里以上就需要乘车了,但事先对乘车的路线要确定好,是否需要转车,在哪里转车。事前最好预测一次,从家到考场看看当中会出现什么问题,出现问题采取什么措施去解决。

对于6月7日早上乘车可能发生的问题要有所准备,如果发生堵车采取什么方案解决,最好有几种预案,如果只有一种,在实行过程中发生困难往往会使孩子感到很绝望,心情浮躁,肯定不利于高考的发挥。

有几种方案,事先论证一下,遇到问题后怎么解决,有充分的心理准备,一旦出现情况就能冷静沉着地去应对,而不是慌乱无助、措手不及。

9.6 不要定考试成绩的指标

有的家长在高考前反复跟孩子讲,你的数学应该考110分,语文应该考105分,英语应该考120分,理科综合应该考240分。

其实家长给孩子定高考指标很难兑现。因为第一,每年每科的考试难度都和往年不尽相同,有时今年的数学相对比较难一些,明年的数学相对容易一些,有时今年理综相对比较容易一些,明年理综相对比较难一些,所以说那个分数没有什么绝对意义。因为题出得容易大家的分就都上去了,题出得难大家的分就都下来了。例如2003年的北京理科综合卷子比较难,考生的理综平均分是160分左右,而2004年北京考生的理综卷子容易,大家普遍反应太容易了,没想到考这么容易,因此大家的理综分数普遍上升。这并不表明2004年的考生对理综知识掌握的水平比2003年考生掌握的水平高,而是2004年理综试题比较容易,所以成绩普遍比2002年、2003年考生的理综成绩高。

家长给孩子规定哪门课要考多少分,实际上是给孩子心理压力。你不说这些话孩子也会尽力去考,你说这些话就会给孩子增加压力,孩子会想,我如果考不到这个分数怎么办?我考不到这个分数父母会怎么对待我?如果考不到这个分数不是对不起父母吗?这就会引起孩子情绪的波动。

因此我建议,高考前不要和孩子议论每门课应该考多少分,这样的议论和规定只能给孩子增加心理压力,只能给孩子高考减分。

9.7 不要规定孩子考什么大学

我们很多家长希望孩子考上重点大学,考上好的大学。这种心情是可以理解的,但是中国的北大、清华,中国的重点大学、著名大学就是那么多,而每年考的考生有近千万人,竞争是非常厉害的。要根据孩子的学习实力和心理状态帮助孩子填报好志愿,孩子考上什么大学是由高考成绩来决定的,不过报考志愿报得是否科学、是否符合实际情况也很重要。

因此，高考前规定孩子考什么大学是不明智的，也不切合实际情况，这种做法只能增加孩子的心理负担。

孩子考前就想，我如果复习不好，考不上某某大学，怎么对得起自己的爸爸妈妈，他们会有什么看法呢？在考试当中如果做错了一道题或不会做，就会想起，我这道题做不出来就会影响分数，很有可能我就考不上爸爸妈妈所期望的那所大学。这又引起心理波动。

有个考生，如果发挥得很好很充分，考上北京理工大学是可能的；如果发挥正常，考北京理工大学就比较困难。当然他的成绩上首都师范大学是可以的，但是他爸爸妈妈说，人要有信心、要有志向，你就好好冲，冲上北京理工大学。结果那年高考理综是比较难的，孩子一看理综的题，就感觉自己的成绩很难达到父母要求上理工大学的愿望，当时心里非常紧张、非常烦躁，做了一会儿题就觉得脑袋里一片空白，题也答不出了，造成理综成绩很差，当然与北京理工大学无缘了。

9.8 不要把自己的意志强加给孩子

从中国考生目前报考志愿的情况看，完全是孩子独立自主确定志愿的很少很少。有一些是在父母的指导下报考志愿的，相当多的是父母让报什么学校就报什么学校,有一些是父母把报志愿的草稿写好,孩子照样抄上去。当然也有一些是父母和孩子反复讨论的,但即使是反复讨论,也往往是一旦意见不一致,考生服从家长的安排。

我觉得报志愿时,家长和孩子充分讨论、充分商量是完全必要的,但上大学毕竟是孩子自己的事情,父母不能代替他上大学,因此在填报志愿发生冲突的时候,应该尊重孩子的意见。如果一味把自己的意见强加给孩子,对考前报考志愿的考生来讲,他会一段时间心里不痛快,心想:上这个大学太没劲,上这个专业更没劲。这样就会影响他的复习质量,影响他的考试成绩。如果家长的要求很高,考前报志愿报了一个孩子力所不能及的目标,也会影响孩子的信心,影响孩子的考前状态。

9.9 不要问孩子考试结果

有些家长在孩子每门课考完之后,总是拐弯抹角地问孩子考试情况,总想问问考得怎么样。其实孩子这时很敏感,很快就会意识到爸爸妈妈在问考试的情况。高考最好是考一门算一门,你让他向前看,准备接下来的一门考试,把刚考完的一门完全忘掉。

就是考得好的孩子也有答不出来的题,如果都答对了大家都750分,那是不可能的事。我研究高考八年没见过一个考生考

750，最好的理科考生也就是710分左右，文科考生680多分。

所以一问考得怎么样，对于考得好的考生，他也会想到还有的题没考好，应该那样答却答错了，心里不痛快，也会感觉遗憾，会影响孩子的心态；考得不好的考生，爸爸妈妈一问就慌了，如实回答怕遭到爸爸妈妈的批评和指责，不如实回答也是一块心病，早晚父母也会知道成绩的，造成很大的心理冲突和矛盾，这些都不利于孩子以良好的心态继续考试。

孩子每门考完之后，该吃饭吃饭，该听音乐听音乐，大家说的都是平常话，说说笑笑就可以了，不必去涉及考试的事情如考试的内容、考试题目的难易等。大家都以平常心来对待高考，平常心对待生活就可以了。

9.10 不要送孩子上考场

高考是中国的第一大考，高考是中国的重要社会现象之一，而且年年如此。高考不仅是涉及到六七百万考生的事情，而且牵连到几百万家庭、亿万社会人的问题。因此有人说高考是中国目前社会的一个节日。据我多年的观察，目前中国大中城市高考时家长送孩子上考场成为一道高考风景线，我估计目前中国高考送孩子上考场的家长大约在50%到70%的样子。

高考第一场语文结束了，我在北京某学校的考点门口观察，迎接学生的家长大约有400人左右。当然这里面有的学生不只是一个家长来接，但是估计起来，迎接孩子的家长大约占80%左右。

送孩子上考场的家长人数是很难统计的，因为八点半入场，有不少家长七点半就把孩子送到考场来了，陆陆续续地送，送来之后他就走了，也有一部分家长送完之后不走，他就在考场附近等着孩子考完再接回去，他们大部分在附近的树荫下或到附近的商店转一转，或到附近的麦当劳、肯德基里坐一坐，买点喝的消磨一个上午。还有少部分在附近租宾馆休息。

我不是笼统反对家长送孩子上考场，如果家离考场特远，路上要换几次车，家长送孩子上考场也是必要的，如果孩子确实生病，需要家长的帮助，送孩子上考场也是应该的。问题是，一般情况下就不要送孩子上考场，本来家里离考场很近，也就是徒步10分钟到20分钟的路程也要送孩子上考场，真是没有必要。

家长送孩子上考场，甚至在考场门前等孩子，对孩子高考有什么影响呢？

第一，造成一个很严峻的社会心理气氛。高考是件大事，是头等大事，不仅社会上给予高考考生种种照顾和优待，甚至闯了红灯都可以不给处罚。家长又请假送孩子上考场，那么多的家长，在孩子心目中造成高考是不得了的事情，高考重于一切，高考高于一切，一切为高考让路，一切为高考开绿灯的印象。这种社会心理，这种由家长送孩子上考场，加上社会上对考生的种种优待，容易使孩子产生一种错觉，高考高于一切，增加了孩子的心理压力。这哪里有利于孩子以平常心来对待高考？平常我们也经常考试，社会没有什么优待，也没有家长送孩子上考场。这种情形会暗示孩子高考是件非常严重的事件。

第二，通过送孩子上考场来给孩子加压。我曾经在中国人民大学附属中学考场门口，看见一位考生有九位家长来护送，爸爸、妈妈、爷爷、奶奶、姥姥、姥爷、叔叔、婶婶，外加小姨，孩子进考场大门时九位亲人每人一句嘱咐的话：宝贝，高考是大事，千万要考好；宝贝，千万不能马虎；宝贝，什么时候考试结束的铃声响后什么时候再交卷，等等。一位考生带着九位家长的重托进入考场，那他能以平常心来对待高考吗？家长的重托能不在他的心里产生压力感吗？我们家长平时跟孩子说的要轻松，要愉快能做到吗？是谁给孩子增加了心理压力，是谁使孩子不能以平常心来对待高考，这不就是家长吗？家长的行为增加了高考的紧张气氛，增加了孩子高考的心理负担。

第三，家长送孩子上考场有可能会影响孩子高考的发挥。孩子在高考答卷时肯定会遇到这样或那样的困难，肯定不会所有的题都能答上来，当他遇到难题一时答不上来时往往会联想：我的爸爸妈妈送我上考场，我答不出来对得起他们吗？爸爸妈妈这么热的天里口干舌燥地在考场外期待我能考好。孩子怕对不起父母，心里感到压力更大。还有的考生说：我心里一酸，眼泪都下来了，思路也不流畅了。甚至有的人感觉脑子里一片空白。

我曾经在北京某学校举办的高考经验交流会上说过，没有特殊情况不要送孩子上考场。台下的一位学员举手，他是安徽的一位中学校长，他说：王老师，我完全赞同你的意见，我是一个反面教材，我把我的例子讲出来供大家从中吸取教训，引以为戒。

这位校长说："我女儿高考时，我连续三天送她上考场，送到考场后我女儿进了教室我也不离开，她在二楼的教室里考试，我眼睛盯着二楼的教室窗户，我这样盯了三天。盯的结果是什么呢？高考的分数出来以后，我女儿的数学成绩是58分，她平时多次的模拟考试都是120分上下，这次她考了一个58分，显然是发挥失常，为什么呢？

"我女儿跟我讲：爸爸，你对我的关爱我永远难以忘怀，可是你三天送我上考场，那天我在做数学题时，有一道题一时找不出解题的路子来，我心里就想起你在外面口干舌燥期待我的目光，我感觉很对不起你，心里一酸眼泪就流出来了，随后就脑袋里一片空白，后面的题一道也做不出来，使我的数学成绩这么差。"

本来孩子还可以考上安徽的重点大学，但是由于数学丢了60分左右，她只考上湖北省的一个普通的本科高校。

她的爸爸非常遗憾地说："哪个作为父母的不希望自己的孩子考上大学，考上名校，可是自己的行为、自己的关爱带来的后果是什么呢？不是给孩子高考加分，而是给孩子高考减分，本来孩子应该能上省重点大学，可却上了一所普通高校，这是我终生的遗憾，也是人生的一次非常大的教训，我的主观愿望是好的，但是我不懂考试心理，结果出现这样的乱子，我希望您今后讲课的时候能把我的例子讲出来，让后来的考生家长引以为戒吧。"

我听了这位老师的叙述，也很受启发，高考是一件很重要的事情，对孩子来讲是很重要的社会刺激，我们家长的一言一行都要有利于孩子心态的平和，而不要给孩子增加压力、增加负担，孩子也是有血有肉有感情的，父母的关爱他也是看在眼里记在心中，父母过分的关爱也会引起他的不安，增加他的心理负担，引起他的内疚感。

谈到这里我还是一句老话：没有特殊情况不要送孩子上考场。我们不送孩子上考场就是为了孩子能以平和心态参加高考，进入状态，正常发挥，无怨无悔，实现自己的理想。我们送孩子上考场就是给孩子增加心理压力，就是干扰了孩子的心态，就是影响了孩子的发挥，就是影响了高考成绩，就是给孩子高考减分。我们的主观愿望是要爱孩子，实际上是害了自己的孩子，哪个父母愿意害自己的孩子？！

十、榜上有名，考生家长做什么

有一位家长对我说：王老师，我这下子可彻底解放了，我的女儿考上了北京理工大学，全国211工程学校，重点大学，很有名气，我的愿望实现了。我要求她能考上北京理工大学就可以了，我女儿真给我争气，就给我考上了北京理工大学。我12年心血没白花，该退下来休息了。孩子18岁了，上了大学，这下用不着我管了，我可得好好休息休息，调整调整。12年来，特别是高三这一年可把我累坏了，不知道怎么办，有时候干着急，现在终于过去了。

这是一位家长的感慨，他认为孩子考上了大学就完事大吉了，就不用管孩子了。

其实，孩子在父母眼中永远是孩子。中国有句俗话是，活到老，学到老。作为子女家长来说，是活到老，教育子女的责任就肩负到老。

只不过是不同时期教育孩子的方式和内容不同罢了。

> **案例**
>
> 有一位考生考上了重点大学，爸爸妈妈特高兴，重奖了孩子，给他买了一台配置很高的计算机。从此，这个孩子每天沉迷在网络之中，从暑假里收到录取通知书到大学开学的一个月时间，他都是在计算机前度过的，在虚拟的网络中度过的。大学开学前他什么事都不愿意做，没有心思念书了，一离开计算机，一离开网络，就感到浑身难受，无所适从。他爸爸妈妈感觉有点不对头，慌了手脚，但是孩子已经患上了网络综合症，一下网就无精打采，懒洋洋的什么事也不想干，让他一上网就马上变成了另外一个人，精神头十足，不知疲倦地投入到网络世界之中。那位考生的父母费了九牛二虎之力，才使孩子进入了大学，但是前半年由于网络综合症的影响，他的成绩很差。

我觉得这个案例对所有考上大学考生的家长敲响了警钟，千万不能麻痹，千万不能被胜利冲昏头脑，千万不能放弃对孩子的教育、督促和帮助，孩子毕竟是孩子，在父母眼中永远是孩子，所以父母始终肩负着教育子女的重任。

那么榜上有名之后，家长应该为孩子做什么呢？

首先要说明，家长帮的忙是提示性的，不是命令式的，而是商量式的。具体的事是孩子自己做，不是家长一手操办。那么家长在高考结束后的假期里帮助孩子做什么？

10.1 总结中学的学习生活

中学6年，是青春期的6年，是人生最值得留恋的6年，特别是高三这一年，每一个考生都体验到人生的酸甜苦辣，都经历了挫折与成功。中学的生活，特别是高三这一年里的成功、失败与教训，对孩子今后的成长是有非常重要的意义的。

因此，家长要引导和提示孩子对自己的中学生活特别是高三生活做一个比较全面、比较系统的总结，既要充分肯定自己的成绩，鼓励志气，继续在大学里奋斗，创造辉煌，也要看到自己的缺点和不足，并采取具体的措施，使自己在今后的成长道路上少走弯路。

我建议，孩子总结中学生活时最好有一个书面材料。有书面材料和没有书面材料对孩子的思考深度，对孩子的认真程度都是不同的。孩子经过思考，经过归纳总结，写成文字的东西他的印象就会深刻，对孩子今后的成长十分有利。

10.2 帮助孩子调整身心

高中三年的学习，特别是高三这一年里，孩子无论体力上还是在精力上付出的都非常多，尤其是高考前两个月，很多孩子都处在应激状态下，高考之后身心已经很疲惫了，这时家长应该帮助孩子，提醒孩子充分利用开学前这一个多月的时间，对身体和心理进行必要的调整，使身心恢复到正常、平衡的状态，为进入大学迎接新的学习生活打下基础。

在这里，家长要特别提醒孩子，不要彻底地玩、无所顾忌地玩，那样做破坏人体的生物钟，不利于体力和精力的恢复。过于彻底放松，过于体验一些冒险的活动，很容易造成人身的安全问题。所以，一定要让学生有所警觉，不能因为彻底放松，而忽略安全和健康。

我这里特别提醒，由于过于放松，有些孩子假期里在计算机旁度过，在网上度过，这对进入大学极为不利。

家长要及时提醒孩子，进入大学前要有一个比较合理科学的作息时间安排，以确保得到充分的休息，要松弛有度，紧张有度，心理平衡，心理节律和生理节律都得到保持，这样有助于体力和精力的恢复。

有的孩子考前就说：考完试睡他一个暑假，什么都不想干，就想睡觉，太缺觉了。是的，高考前的拼搏，忙碌使他们睡眠确实太少，高考后在假期里多睡觉也是可以的，但是不要没完没了地睡，这样做往往不利于体力恢复，使人越睡越懒，越疲倦，越想睡，越头昏脑胀，而且由于活动少，容易体力下降，心情烦躁。

据我的研究，榜上有名的考生在暑假里是否有一个作息时间安排，对过一个愉快而又有意义的暑假是非常重要的。

有的孩子容易产生一种想法，念了12年的书，特别是经历了高三这一年炼狱般的生活，应该彻底放松一下了，等到上大学再说。其实这种彻底放松会对人的身心产生不利的影响，人过于放松没有一定的紧张度，无论是身体上的潜力、心理上的潜力都得不到发挥，而且会挫伤斗志。家长对这一点要有充分的估计，因为有些孩子的母亲非常心疼，这时对孩子说，宝贝，妈妈给你点钱，你去痛快地玩玩，什么都不要做，什么都不要学，就是玩，玩个痛快。妈妈的心是好的，但这样做的效果往往是事与愿违。

总之，家长要提示孩子，一定要有一个合理的作息时间安排，这个作息时间的安排是孩子自己根据自己的学习情况做出来的，家长可以提供一些参考意见。

10.3 自我服务的锻炼

由于高考，很多家长把孩子自己应该做的自我生活服务都包办代替了，孩子的衣服母亲洗，甚至孩子床上的被子都是妈妈给叠的，晚上睡觉的床也是妈妈给铺的。有一位考生的父亲跟我说，他女儿高三这一年里所有的衣服都是他给洗，包括女儿的内衣、内裤都是他给洗。

过去的这些我们就不说了，但是家长这样做使孩子失去了自我锻炼的机会,失去了对自我服务能力和技能培养的机会。进入大学后,大部分同学都到了18岁,已经进入成人的行列了,在学校里一些必要的自我服务,怎么洗衣服,怎么叠被子,怎么保护自己的健康等,都要自己学会,这也是一个人全面综合素质的组成部分。

家长要在假期里给孩子机会,自己的事情自己办。当然由于过去一直包办代替,孩子一时会难以适应,爸爸妈妈可以在旁边进行一些指导、帮助,但是不能代替孩子自己去做,如果再去做那就错了。我建议孩子在高考后的假期里一定要把自己的基本生活能力培养起来,把自我服务的方法掌握好,建立起独立生活的信心。

每年大学新学年开学时,我都要去各高校进行调查研究,不仅外地的考生由父母陪伴而来,就是北京市的考生有的也是由家长送来的。可是也有少数考生不是家长送来的,而是自己来的,特别是有些边远地区的,例如新疆、西藏的考生就是自己来的。

全国高考新疆状元唐伯贤就是自己来的,他说:从新疆到北京,对自己来说就是一次学习锻炼的机会,他不能放过这次机会。还有西藏的一位藏族考生,也是一位状元,他对我讲,我要自己来,买票、换车等都是自己去做,这对自己就是一个锻炼,是提高自己适应生活能力的契机。不少学生来到北大后,宿舍里的蚊帐都是父母给挂起来的,他自己身边无亲人就观察别人的蚊帐是怎么挂起来的，自己动手终于将蚊帐挂好了，他感到非常高兴，这是对他自我生存能力的检验，这点上他成功了，必将增强他生活上、学习上、创新上的信心。

当然，我不反对家长送孩子上大学，毕竟有的考生路途比较远，又是头一次自己出远门，有家长陪伴会好一些，但我建议，送孩子上大学时，孩子能自己做的事就让他自己去做，家长在旁边指导、提示或帮助，不要事事都帮他做。我在北大经常看到这样的事情，父亲给儿子背着大包，母亲给儿子拉着箱子，儿子却轻轻松松什么都不拿，跟在后面。

这样的情景不禁使我想到我们上大学时的情景，我上大学时从外地来北京就是自己，到北京站后找到学校的接待站，上了学校的车来到北大校园时已经是夜里12点钟了，我记得当时晚上住在哲学楼一楼的教室里，我没感觉什么困难，觉得很顺利。

现在的孩子倒好，父母成了打工者，自己却袖手旁观。我觉得不能让孩子这样继续下去了，这样继续下去父母就又该犯错了，不是帮助孩子而是坑害孩子，容易使他们事事倚赖父母，事事倚赖成人，还没有长大，他该逐步长大了。你不让他长大，责任不在孩子，责任在我们的父母，我们父母应该反省。哪个父母不疼爱自己的子女，哪个父母不希望自己的孩子成人，哪个父母不希望自己的孩子出人头地？但是方法要得当，方法要科学，否则可能就会事与愿违。

我不反对外地家长把孩子送到学校后在学校附近住几天，浏览一下北京，感受一下首都的都市气象，这是很好的事情。但是我却见到不少住在大学附近的家长，特别是母亲，每天到孩子的宿舍里给孩子整理东西、洗衣服。我不禁想到：你还能长期住在这里永远给孩子洗吗？你走之后不还是他自己洗吗？我问有的学生母亲："你怎么天天来给孩子洗衣服？""哎呀，夏天热，孩子出汗衣服都湿了，我得让他一天一换，孩子不懂也不会洗。"我对她说："你惦记着孩子，担心孩子，这是母子之情，在所难免，你与其天天来给孩子洗衣服，不如天天来看着孩子洗衣服，看他哪里洗得好，哪里洗得不好，你指点指点，让孩子学会洗衣服，你总不能在这里住几个月吧，你总是要走的吧，你不教给他洗，回去之后还总是惦记着他，大热天的衣服都湿透了，他不会洗，没有可换的衣服可怎么办呢？倒不如你现在让他学会洗，也免得你回去之后不放心他。"这位母亲说："王教授，你说得很对，我应该让他自己做。"

总之，家长特别是母亲在孩子入大学之前，要根据孩子生活自理能力的具体情况，有目的、有针对性、有步骤地培养和强化孩子自我生活的能力，使孩子进入大学后能够很快投入大学的学习生活，不会因为生活能力差而使大学生活的步伐混乱。

家长特别是母亲完全可以放心，你的孩子可能自理生活能力差一些，只要你在假期里有计划有步骤地帮助孩子，孩子就肯定能学会自我服务，自己打理自己的生活。你也可以放心，孩子高考成功了，孩子在高考竞争中都胜利了，你还操心孩子生活自理能力吗？之所以担心，是因为你过去不培养孩子，你都包办代替了，剥夺了他锻炼能力的机会，只要你有意识要把他的生活自理能力培养好就一定能办到，只要你不包办代替，多从旁帮助就肯定会成功。

10.4 英语学习不能丢

考上大学的考生，在入学前还是要利用假期适当地学习，家长在这方面要尽到提醒与监督的作用。

某省的一位考生成绩很优秀，考取了北京大学，到校后进行了英语入学分班考试，他考的成绩很差。他对我讲：

"我一个暑假全玩了，没想到上大学了还要考，高三这一年考得太多了，以为不用再考了，没想到进了北京大学没有几天又得考，这次考得很惨，因为暑假里没看过英语，没听过英语，也没说过英语，手生，感觉耳朵生。我没想到，怎么刚上大学还没念书就考试，这次考试成绩使我进入英语最差的班，对我心理打击很大，没想到欢欢喜喜进入北大，不到三天一盆冷水从头到脚使我全身都凉了。

"这当然怪我没有准备，没有在假期里适当念书，复习复习英语，但是也没有人提醒我呀，谁也没有告诉我，家长也不懂，我妈还说：玩吧，好好玩玩吧，散散心，养精蓄锐好上北大。我的老师也没提醒我，我只是傻乎乎地来到北大，迎接我的却是英语考试的失利。

"王老师，以后你要提醒每位考上大学的考生在暑假里要适当学习，特别要利用时间把英语复习复习，巩固巩固，迎接开学后的考试。"

这些考生心地都很善良，他们受到了挫折，经历了失败，但他们想到的还是别的同学，想要把他们的痛苦经历和教训告诉后来者，让后来者高高兴兴地上大学，上学后的第一次考试能顺利地通过。

其实这位同学的心声在新生中是普遍的。我在清华大学访谈过几个西北来的同学，他们说：本来我们那里就比较偏僻，英语学习缺乏环境气氛，原应该在暑假里发愤图强，下下功夫把英语提高一步，但不知道开学后要考英语，所以也没有抓英语，来到大学后马上就进行英语测试，那只好硬着头皮去参加，结果是可想而知的，那就只能上初级班了，对心理上也是一个不小的打击。他们也叮嘱我告诉后来者：暑假里不要傻玩了，适当学习学习吧，特别是把英语准备准备。

其实，很多家长不知道这方面的情况，他们只认为没完没了的考试可能上大学后就会结束了。其实，并非如此，上了大学还是要考试，当然大学考试会比高三时少多了，但上大学还会有考试，这是一项制度。

因此，建议家长督促孩子在暑假里还要适当学习，特别是要把英语好好准备准备，迎接大学开始后的分级考试。

我的意见，在暑假里要适当地放松，适当地玩是完全应该的，但还要抽出一定时间进行学习，特别要看一些学习方法方面的书，这样会容易适应大学里的学习生活。大学里讲课的方式和中学里大不相同，中学里是基本上按照书本来讲的，一节一节、一课一课地讲，课上完了，可以找老师辅导，大学就不一样了，一堂课讲的内容很多。一个人民大学附中的同学说：一堂数学课讲的比我们高中半学期的内容还多，一讲就30页过去了，真是感觉不好学，心里无数，这样下去怎么行？其实，这就是大学的学习。

大学的学习主要靠自觉，靠独立思考来学习，不是靠老师灌输、手把手教着学。那个时代已经过去了，大学就要求你独立进行学习，强调自学。我说这些话的意思是让家长来提示孩子，上了大学后在学习方法上要适应大学老师的教学方式，适应大学的教学内容，而不能沿袭中学的学习方法了。

10.5 对恋爱问题要有心理准备

　　18岁的孩子在生理和心理方面都达到了一定的发展，这样年龄的孩子应该说可以谈恋爱了，但是他们毕竟不是社会青年，他们是大学生，要不要谈恋爱，什么时候谈，怎么谈，大学现在也没有统一要求。那就根据自己的情况，自己选择、自己决定了。在这方面家长提供一些可行的意见，提一些有益的建议也是非常必要的。

　　据我的研究所知，中学生虽然也有谈恋爱的，其实，他们上了大学之后，只要不在一个学校里，大部分也就再见了。

　　据我对一些大学的研究，不少入学的大学生在几个月内就有了新的异性朋友了。但这种情况的出现也是有背景的。第一，高三太辛苦了，太累人了，上了大学后有不少同学想缓口气，放松一下，调节调节，找个朋友多开心；第二，有的同学本来不想谈恋爱，但是看到班里的同学都有异性朋友了，就感觉自己很孤单，于是也不妨试试看，跟着走，在这种模仿、感染的心理氛围下也开始去找异性朋友；第三，大学的活动方式和中学大不相同，中学时大家在一个班里活动，一个同学所有的活动其他人都看得清清楚楚，大学不是这样，除了上课时间，其他时间班里的同学就不在一起了，各自行动，爱干什么干什么，想做什么做什么，给大学生提供的交友恋爱的机会是非常多的。

我在这里不表态大一学生是否可以谈恋爱,我的意见是他们有他们自己的权利,孩子有谈恋爱的权利,但是否谈、是否使用这个权利是另外一件事了。

在这里家长的任务、家长的责任就是帮助孩子了解这些情况,使孩子有心理准备,不要迷迷糊糊随大流地去谈。

我有一个想法就是,谈恋爱不应该冲击学习,大学生也是以学习为主,学习就是大学生的任务,学习不好,就没完成大学生主要的任务。

据我所知,有不少学生考入大学时的成绩很好,在大学的班里也是名列前茅的,可是谈了半年到一年的恋爱之后,在班里的名次就靠后了,有的学生甚至有几科挂了起来,考试成绩不及格。

有一个北京的市重点中学的考生,考入了北京大学后,第一年是班里的班长,但是交了异性朋友,一年后学习成绩大幅度下降。他说:没想到处理感情问题还需要时间和精力,他原以为交朋友就是玩,就是开心,就是得到关爱,就是得到温暖,就是得到幸福。哪知道还有痛苦,还有很大的内心深处的苦闷。有一个北京的非重点中学的同学考取北京大学后,第一年没有谈恋爱,第二年学校来了一个新生长得非常漂亮,这个女生看中了这个大二的学生,经常在学校的活动中拉他的手。那个男生说,我不拉你的手,我现在没有精力,等我将来学好之后,再交朋友。其他同学对这个男同学说,大傻瓜一个,大家争她都争不来,她找到你的门上你却拒绝人家。这个同学说，无所谓，我才不傻呢，我不能被感情问题给套住，我的任务是学习，我的任务不是搞对象。

我认为家长可以开诚布公地、坦率地跟孩子讨论这些问题，不要有什么框框，要对孩子讲清楚恋爱问题、感情问题的情况，让他认识到这是一个比较复杂的问题，不是想象得那么简单，使他事前对这方面有一些心理准备，进入大学后能较好地处理这方面的问题。

十一、落榜考生家长怎么办

11.1 落榜考生家长的心态

高考是一种选拔赛,总是会有考生落榜的。尽管高校扩招使高考录取的比率大幅提高,但是毕竟满足不了所有人都上大学的需要,实际上,人人都上大学也是不可能的,这就有一个淘汰的问题,即榜上无名,这是一个非常现实的问题。

考生榜上无名,家长的反应对考生的心态和今后的出路有相当大的影响。

榜上无名,考生家长有哪些心态呢?

据我的调查研究主要有下列几种:

平和型

有些家长对孩子的成绩心中有数,考不上是意料之中的,这些家长中的很多人都能以平和的心态来对待孩子落榜。

案例

某考生的父亲齐某曾跟我说：这孩子虽然不笨，但是学习上下的功夫不够，我和他妈妈因为经常出差在外没怎么管他，到了高三才发现他的基础太差，这时抓紧已经晚了，尽管他的成绩比高一高二提高了不少，但是，考大学是一场竞争，他的实力在那摆着，他考不上也是我事先想到的事，我还是让他去参加考试，去受锻炼，去积累经验，去接受教训。

这些东西表面上看起来不是分数，实际上它是分数，甚至比分数还重要，孩子一旦明白了自己的失利原因在哪里，真正找出自己失利的症结，只要他有决心，有信心，就一定能改变过去的状态，无论是复读还是工作，这些教训对他来说都是终生有益的，是他在自己身上悟出来的人生道理，在某种意义上这比分数还重要，所以孩子说要报考我就完全支持他。他现在没被录取，他自己也会面对现实。我看他的心态还是比较平和，没有很大的情绪起落。我的心态一直比较平和，对他没考上大学没有半点怨言，所以我和孩子的关系还是比较好的。

我们一起讨论过几次，下一步怎么办，是复读还是找工作，大家都心平气和地发表意见，各抒己见，而且很多意见都是一致的，这就为他下一步的人生设计奠定了很好的基础。

像这位家长能从实际出发，心平气和地对待孩子的落榜问题，并积极和孩子讨论将来的出路，就是一种事实求是的态度。这种心态既能帮助孩子正确对待落榜问题，又能从个人方面，从自身的原因看到问题的所在。经过家长和考生的讨论、商量、均衡利弊，找出下一步出路的方案，对考生的前途是十分有利的。

只有心态平和，才能冷静地、客观地、理性地分析现实，才能找出解决问题的恰当方法。

每年高考，在全国范围内要有40%的考生落榜，换句话说，就是40%落榜考生的家长要面对这个落榜的现实问题，如何应对，用什么心态去解决，对孩子今后的前途和出路是很重要的。

浮躁型

有的考生落榜后，父母的情绪马上浮躁起来，脸不是脸，鼻子不是鼻子，说话非常冲，有理不让人，无理搅三分，对孩子极其蛮横，总是指责孩子不争气，给他丢脸，白养他这么多年。这样的心态和行为无疑会使孩子雪上加霜，使他受到更大的心理打击。

有的考生对父母这种粗暴的行为默默无声地忍耐着，应该说这比那种和父母正面争辩对心理的伤害更大；另一类孩子对父母的责骂据理力争，或是对抗起来，使父母与子女的关系越来越紧张，冲突不断，这不仅不能很好总结高考失利的教训，而且对今后出路的解决也是没有任何益处的。

> **案例**
>
> 邱某在高考中的总分为490分。本来他的爸爸妈妈和他自己都认为考重点线不成问题，没想到今年高考提档线提高了，比去年提高了36分。这个孩子的心情倒是比较平和，他自己认为考出了平时的水平，对自己考试成绩基本上满意。他的爸爸妈妈却不以为然：凭你的实力至少应该过重点线，你重点大学都上不了，你是干什么的，我们辛辛苦苦多少年就是为了你能考上重点大学，上了好大学将来才会有出息，我们努力的这一切都是为了你，你倒好，来了一个490分，还没过重点线，你自己想想吧，我们以后不伺候你了，好吃好喝的供给你，你却考出这样的分数，你还有良心吗？结果这孩子也不示弱，趁他妈妈在厨房做饭时写了个条子放在桌子上：你们拿刀杀了我吧，如果拿刀杀不过瘾，就拿菜刀剁了我吧，我走了。孩子一气之下离家出走，结果父母惊恐万分，到处打听寻找，孩子万一有个三长两短那就是倒霉加不幸了。

每年高考后都有个别考生因成绩不好落榜而离家出走，原因较复杂，但一个重要的原因是来自父母的压力，这种压力的表现多种多样，其中埋怨孩子、斥责孩子是常见的一种。

我们认为孩子高考落榜后，更需要社会的支持，尤其是父母的支持，所谓支持就是从心理上给他以情感温暖，理智分析，使他心态平和，以平常心来对待，这是至关重要的。可是有的父母却不是这样，他们控制不住自己的情绪，不能理智对待孩子落榜的现实，反而把所有的埋怨、所有的苦水都倒在孩子的身上，逼孩子做出这样或那样的事来以后又觉得非常后悔。

冷淡型

有的考生家长对孩子的高考寄托了很大的希望，特别是家庭比较困难的家长，希望孩子能考上大学，家庭经济从此可能会有新的转机。但是没想到孩子落榜了，这时他们焦急的心情可想而知。有的落榜生家长对孩子采取一种冷淡的态度，表面上不批评你，也不责骂你，用一种很冷淡的方式对待孩子，既不和孩子多说话，孩子和他／她说话也不爱搭理，表情低沉严峻，实际上这是对孩子的心理虐待，孩子在家里没得到支持却受到冷眼。

案例

有一位河南考生对我讲：王老师，我的家庭很贫寒，父母都是农民。河南的高考竞争很激烈，父母多年的愿望就是我高考能考上大学，走出农村，改变自己的命运，从而也许会改变家庭的命运。他们把希望都寄托在我身上，没想到今年高考我落榜了，父母感到十分失望，同时也非常怨恨我。他们不打我也不骂我，但就是不给我好的脸看，不跟我多说话，这使我心里非常难过，还不如他们打我一顿，骂我一顿呢？这样我会痛快一些，这样的冷淡，这样的心理煎熬不知何时才能结束，王老师，我痛苦极了，考大学时只是拼命奋斗，累是累但是心情还是比较好的，现在倒好，不拼了不累了，心灵的煎熬更是难以想象的痛苦。

落榜生家长冷淡的态度很容易使孩子产生心理疾病，长期的冷淡，使孩子失去温暖，失去支撑，失去亲情的关心，会使孩子心灰意懒，产生很大的转变，造成心理问题，继而可能会转变为心理疾病。

11.2 落榜和没考好的考生家长五不要

凡是高考就有落榜，从目前中国的情况来看，总体来讲大约有40%的落榜生，甚至还有更多一些的考生不会被高校录取。即使被录取的人中，也有一部分觉得自己没考好，尽管上了大学但认为没考出自己的水平，没能上与自己实际成绩相对应的高校或专业。

家长该怎么办呢？

我的研究，家长要努力做到五要五不要。五不要是：

11.2.1 不要发脾气

有些家长,特别是一些考生的父亲,平时不大关心孩子的学习成绩,当看到孩子高考落榜或考试成绩不好时,却大发脾气,甚至个别的还动手打人。

> 案例
>
> 考生张某的父亲是位商人,平时经常在外地经商很少回家。高考时孩子没有被录取,他知道后拍桌子瞪眼,大骂儿子是笨蛋,给他丢脸。更为严重的是,当天晚上他越想越不是滋味,说我辛辛苦苦供你吃饭,养活你们(连他爱人也捎带进来了),白天黑夜在外面忙碌,你高考落榜对我是致命打击。说着说着就掀翻了桌子,饭菜撒了一地,顿时家庭里充满了火药味,这对孩子的心理打击是可想而知的了。

11.2.2 不要指责

有些家长一旦知道孩子没考好或是落榜后,就对孩子进行指责,罗列罪名进行批判。本来孩子没考好落了榜,心里就很沉重,这时父母非但不帮他解脱,反而落井下石,使孩子更加苦恼烦闷,甚至进入绝望状态。

> **案例**

考生张某高考落榜,爸爸知道后系统地列举了他的六条罪状:第一,好吃懒做,不认真学习,贪吃造成体重160斤,什么好吃吃什么,嘴里老是闲不住,一边做作业一边吃零食,肚子里全是废物;

第二,学习时不专心,做作业时开电视,或是边做作业边用手机发短信;

第三,经常看一些乱七八糟的书,黄色的刊物,杂乱刊物什么都看,而对学习却不感兴趣;

第四,不自己好好做作业,经常抄同学的作业,自己不动脑筋,一不会就抄别人的;

第五,没有上进心,追港台明星,明星穿什么就买什么穿,十七八岁的孩子心思不用在学习上;

第六,晚起早睡,哪有高三的学生不到10点就睡觉,早上6点半不起床,哪像一个高三的学生样,更不像高考考生的样。

六条罪状一列,考不上大学是铁板钉钉的,也是罪有应得的,自己去想吧。

11.2.3 不要埋怨

考生落榜或是没考好时,家长不断埋怨,致使孩子的心情越来越坏,甚至焦虑不安,有的还产生抑郁表现。

孩子考不好的原因很多,各种各样的都有。家长应该从实际情况出发,根据孩子的情况帮助孩子进行总结、分析,这是理所应该的,也是解决问题的先决条件,但如果只是一味埋怨,吃后悔药,非但解决不了问题,反而只能增加与孩子之间的隔阂,增加家长与孩子的心理距离,增加孩子的痛苦。在不良的心态下做出解决出路的决策往往是不明智的。

> 案例

有一位考生是特长生,有文艺特长,喜欢拉小提琴,从小学二年级就开始练,已经练了十来年,希望将来高考时文艺特长能起作用。他的智力较高,善于交往,心态比较开朗。某大学承诺只要他进了该省的重点线就录取他。可是高考时他没达到该省的重点录取线,因此与这所重点大学无缘。为此家长埋怨不断。他妈妈说:想当初让你一心一意,聚精会神地学习,咱不图通过文艺特长去考大学,而是咱们的实力,靠能力靠成绩去上大学,你偏偏希望走那条路,走的结果怎么样,高考成绩达不到省重点线,凭你的学习能力如果不练琴,达到重点线是绝对没有问题的。这倒好,想通过文艺特长上重点大学也没有上去,结果怎么样,傻眼了吧。

想当初高三开学分班时我就让你上文科,我觉得你学文科比较好,你自己也感觉文理科比较你的长项在文科,可是你偏偏说你的学校理科老师的教学能力强,文科老师的教学水平差,所以你就选了理科班。我当时死活不同意,可你非选不可,不听我的话怎么样?你要是学文科,今年通过省重点线没问题,考理科你的数学不好,一差差几十分,这不,连省重点都没过,不听家长言,吃亏在眼前。她的孩子争辩说:事情都已经过去了,你怎么老抓住不放,当时,你也没说说得很准让我考文,你现在因为我没考上倒有理了,想当初你说过要我报文科,可是你也说我们学校理科老师强,你还找我们班主任老师交换过意见呢,班主任老师也说上理科好,你回去告诉我理科好,现在你反咬我一口,说都是我的决定。

母子俩为此事吵了起来,展开了一场舌战,吵得双方都不想吃饭。

孩子没考好,或高考落榜,家长理智的态度首先是面对现实冷静分析,先帮助孩子调整心态再与孩子交换意见,找出出路,而不是一味地埋怨,事情已经过去了,埋怨是不能解决问题的,只能增加心理负担。

11.2.4 不要唠叨

我曾经采访过一些中学生,问他们你最烦什么?几乎普遍的答案是,我最烦我妈唠叨,从幼儿园时就说,"听阿姨的话",

每天如此；上小学时也是，"听老师的话"，"上课注意听讲"；上中学还是这些话，翻来覆去，每天几遍。有些考生跟我讲，"这次没考好，我妈妈还是那样不断唠叨：要不你复读，复读时一定要听老师的话，上课认真听讲"。

一位落榜考生跟我讲："我妈妈唠叨了十几年，一直都是那些话。她的话实在是没有用，要有用的话这十年来我也不会这样过去了，到如今，我都落榜了还说那几句话，这能对我有什么帮助。学习上她还不如我，说是高中毕业，实际上就连初中的数学题都不会做，能帮我什么东西？就是唠叨，不但没起好作用，还起了坏作用。我复习时一听她唠叨心里就不痛快。到现在还跟我唠叨，我烦死了，真想找个地方清静清静。为什么有的孩子离家出走？不是孩子的原因，是家长逼的，你说整天在唠叨声中生活是什么滋味，谁受得了，都落榜了还是那些话。还跟我唠叨。"

11.2.5 不要冷淡

有的家长对待孩子高考落榜或没考好的态度，是冷淡孩子，我也不批评你，我也不责备你，不骂你，我就是给你脸色看，爱答不理。有的考生对我讲：过去我妈妈的话很多，经常跟我问这问那，这次我落榜了她的话也少多了，但是一天三顿饭还是会按时做好，只不过放在那里，也不跟我说话。我问她饭做好了没有？才回答一句，做好了。其实她这是对我很大的不满，是对我落榜的心理惩罚。不就是一次高考吗，虽说是人生中的一件大事，但谁没有失败的时候，谁没有走路摔跤的时候，摔一跤爬起来就行了，何必给我脸色看呢。她自己也失败她不说，我失败一次就这样。我太生气了，真想跟她吵一顿，但她毕竟是我妈妈，我只好忍着。

家长冷淡考生对孩子心理上的打击和虐待，造成孩子的心理压力更大，创伤更深，使孩子的心情更加焦虑，更加抑郁，得不到社会的支持，得不到亲情的温暖，就很容易出现心理问题。

11.3 考生没考好家长力求做到五要

11.3.1 要冷静

孩子高考落榜或没考好自然就会心情不好，这是完全可以理解的，家长在这个时候要帮助孩子调整心态，使他的心态恢复平和，这样才能正确地面对高考失利。

要想让孩子能够正确处理高考失利问题，家长首先要冷静，要理智地对待孩子的考试结果。

孩子没考好或是落榜，从主观上讲主要有两个原因。

一是学习实力差，或是平时不用功，玩游戏上网太多了基础差。北京市有一个考生语文没考好，他爸爸认为他不应该才考300多分，我问他你一模的成绩是多少？他说300多分。二模的成绩是多少？他说还是300多分。这就是说这个考生的学习实力也就是

300多分的水平,高考考300多分也就是发挥出他的水平来了,他的实力也就是那样了,应该说这个孩子考了300多分是正常现象。

但他的爸爸不了解孩子,觉得你怎么才考300多分,人家怎么有考600多分的,500多分的,400多分的,你怎么才考300多分。

家长不能跟别的孩子比,别的孩子学习实力本来就比你的孩子强。在这个时候我特别提醒,家长不要用别的孩子成绩比自己的孩子成绩,不少家长都爱犯这个毛病:你看看刘XX考了500多分,你是多少分!孩子往往听了这种话会很生气,这时他对付家长的一句话往往是:你认为他/她好就叫他/她给你当儿子/女儿,我不给你当儿子/女儿了。结果闹得父母与孩子关系更加紧张,不利于解决高考失利的问题。

考生高考没考好或是落榜,另外一个重要的原因,就是心态存在问题。有些考生学习很用功实力也不错,方法也对头,平时考试成绩也不错,就是高考没考好,发挥失常,这也是常有的。这类考生就学习实力来讲高考成功是没有问题的,就是心态存在问题。

家长应该从孩子的实际情况出发,帮助孩子分析心态存在的问题,鼓励孩子相信自己是有实力的,增强孩子的信心,心态不行咱们就想法解决心态问题,下一次考好不就行了吗。这样孩子既能接受又能增强孩子的自信心。

案例

有一位考生平时的成绩在580到590之间徘徊，高考考了一个520分，没有被第一志愿的学校录取，自己很痛苦。他爸爸跟他讲：你有实力，脑子聪明，就是高考时心态不好，非要去那个学校不可，不去那个学校你就觉得面子上过不去，又怕家长责备你，总之是压力太大没发挥好，没关系，要不上别的学校，要不重考一次，失败是成功之母，你本来就有实力，如果再复读一年，你心态再调节好，肯定会考好。

这个考生听了爸爸的分析，觉得脑子清醒了，心里也就亮了，看到了光明，看到了出路。他对爸爸讲：爸，就是这样，我当时就是想每道题都要答好，答好我才能上XXX大学，我觉得XXX大学在北京的文科提档线今年也就是570到580分，我不能只考这么多分，还要留点富裕才行，做起题来感觉有点难，我心想坏了，XXX大学没希望了。我要是心态自然一些就不会有今天的结果。我这才明白了，为什么有的高考专家说调节好心态是高考成功的一半呢。

11.3.2 要情绪稳定

家长情绪是否稳定，是帮孩子度过高考失利的重要心理条件。

> 案例

　　有一位考生高考没考好，本来他认为自己考取北京大学医学部没问题，他平时一模二模的成绩都在600分上下，高考的时候他考了611分，他觉得上北京大学医学部还有富余，没想到当年北京大学在北京地区的提档线是612分，他差了1分。他觉得很难过，吃不下饭睡不好觉，感觉太不顺了。他对我讲：哪怕差10分、20分的我也认了，就差1分没戏了，太倒霉了。

　　他整天在家叹气。可是他爸爸却一切如常，照样看报纸，照样看电视，对他的态度还和过去一样。家里气氛也很好，没有因为他差1分没考上第一志愿而出现异样。他问爸爸："就差1分，没考上北大医学部，你怎么没着急呢？"他爸爸说："我着急能解决问题吗？612分是北大医学部的提档线，这是条死杠杠，谁也改变不了的，你611分只差1分也不行，不行的事你硬想让它行不是自找苦恼吗？快乐是活一天，不快乐也是活一天，快乐是活一辈子，不快乐也是活一辈子，干吗不快乐呢？干吗自己跟自己过不去呢？"

　　考生对我说：听了爸爸的一番话，我心里顿时觉得开窍了。我爸爸还说，以后走入社会遇到这种挫折和困难还会更多，如果每当遇到挫折都愁眉苦脸，唉声叹气，那你这一辈子怎么活下去。

虽然我只差一分而没有踏进北大医学部的门槛，但毕竟我还是有实力的，北京当年超过600分的也就是2000多人，我就是其中之一，并且我的611分可能会达到中间，有可能在1000名之内，也是一件值得骄傲的事情，所以说从实力来讲我确实不差。我进不了北大医学部，可以上其他大学，只要我有实力，照样可以学得好，将来可以考研。

我的心情逐渐好起来了，看什么问题也都感觉有希望了。这次高考没被北大医学部录取本身是件遗憾的事情，但能正确处理这件事情和我爸爸帮我稳定情绪是分不开的。

11.3.3 要坚定信心

信心是高考成功的灵魂，信心也是高考失利后走出困境的精神力量，在高考失利后看到光明的力量。

要使高考失利的孩子对未来充满信心，首先家长要有信心，家长有了信心就会通过暗示、感染使孩子消除悲观情绪，能够正确评估自己的能力、水平和成绩，逐渐重新树立信心。

案例

有一位家长对我讲：我的孩子平时的成绩是冲一冲就能考上重点线，发挥中等偏下能上本科。孩子本来是想向重点线冲击的，但是高考前两个月由于劳累、感冒、发烧、打点滴,耽误了不少学习,也影响了心情,所以这次考试成绩离重点线还差20多分。孩子知道今年的录取分数线后,说话少了,前几天不是与同学出去玩,就是在家上网,这两天也不出去了,一个人待在家里也不知道他在想什么。

我觉得要解决孩子的心理问题首先要重树孩子的自信心,一个人有了自信心就会用另一种眼光看待世界,就会正确看待自己。一个人没有了信心,就处处小看自己,处处感觉自己不行。

这几天我就给孩子谈这个问题。我跟他说没考好不丢人。我还跟他讲自己的经历,讲我怎么在受到挫折后仍然信心不减地爬起来继续前进,如果我丧失了信心,我会失去动力爬不起来。这些经历过去我也同他讲过,但是断断续续的。他听了也很理解。这两天他的信心已经逐渐恢复,不叹气了,有时上网,有时还看看书,喊起爸爸妈妈也很热情,很亲切,这是信心增强的表现。有了信心其他事就好办了。

这位家长说,人是要经历挫折的,太一帆风顺也不好。当然我们也不能为了在挫折中增强信心而去寻求失败。但是现实生活中遇到挫折该怎么办?遇到挫折就应该在挫折中学习,在挫折中前进,在挫折中建立信心。

我觉得这位考生的父亲很有见解和解决问题的方法。

11.3.4 要亲情支持

一个人处在困难情况下,能否得到社会支持,支持的力度怎样,对一个人调节心态、走出困境是极为重要的。

对于在困境中的人,社会支持越多,支持力度越大,他就会获得更大的力量感、信心感;如果没有社会支持,就往往会越来越孤独,越来越没有信心。

考生落榜或没考好,能否得到社会支持,特别是能否得到父母的亲情支持,对考生恢复正常心态、积极应对是非常关键的。

一位考了400多分没能进入本科线的考生对我讲:"我的成绩如果正常发挥,应该能进入本科线,但这次确实有些失误,爸爸妈妈知道情况后没有一句怨言,像平时一样地爱我,关心我,处处温暖我。我深深地感受到爸爸妈妈的每一句话、每个眼神、每个动作都向我伸出关爱之手,亲情之手。我的心里感觉很温暖,觉得自己不是孤立的,不是无援的,爸爸妈妈的眼神就是给我力量,就是给我希望,使我精神振作起来,增强了爬起来继续努力奋斗的信心。有人摔倒了别人在那里冷眼旁观,甚至取笑。有人摔倒了别人热情上去相扶。我在高考中摔倒了,我的爸爸妈妈热情地扶助我。这次高考失利使我体验到了亲情的温暖,亲情的力量。所以我的情绪波动不大,很快找出了自己失利的原因,和父母一块研究下一步的出路。"

11.3.5 要积极应对

高考落榜或失利后,家长首先要面对现实,冷静分析,稳定考生的情绪,重建起孩子的信心。之后就应该和孩子一起讨论,提建议,出主意,想办法找出路。在这个应对过程中和决策过程中,家长越是冷静,越是理智,越是情绪稳定,提出的建议和方法就越切合实际情况,就会比较好地解决孩子的出路问题。

> 案例
>
> 有一位考生的考试成绩与省重点大学录取线差30分左右,这和他平时的成绩也是一致的。当初她的母亲非让他上重点大学不可,实际上学校里的老师都认为他上重点大学很难,在报考志愿时他的班主任认为他的第一志愿报重点大学是不适当的,但他母亲坚持要报,非上重点大学不可。这次没达到重点分数线也在班里同学和老师预料之中,但是他妈妈却不以为然,他妈妈认为:只要有信心,明年会考上北大,考不上北大能考上中国政法大学也行,为什么人家能上中国政法大学,我们就不能上中国政法大学?还是你的决心不够,你复读一年给我考上中国政法大学。
>
> 孩子的班主任认为这个学生的潜力基本上发挥出来了,他的成绩就是这样一个水平,再复读一年能否考上重

点大学实在无法预料，而且考不上重点大学的可能性很大。但他妈妈非坚持复读不可。

　　这位母亲就是不从实际情况出发，没有根据孩子的情况量力而行，而是主观臆断，因此母子之间发生了很大的争论，最后造成孩子不告而别，去他小姨家了。

高考没考好的和落榜的考生下一步怎么走，最终还是由考生来选择。但是家长也应提供自己的意见，要多和孩子讨论、商量，每种选择都有利有弊，找出几种选择，看哪种选择更加合适更好一些；在几条道路的选择上不能绝对化，没有绝对好，也没有绝对差，要善于分析、多讨论，才能情况明、决心大、办法多。

落榜考生走出困境的第一步，是调节心态，振作精神。如果落榜考生的心理长期处于抑郁、焦虑、悲观、失望的状态中，就很难从困境中走出来。家长有责任、有义务帮助落榜考生调节心态。

11.4 家长怎么帮助孩子调节心态呢？

11.4.1 面对现实接受失败

落榜考生在高考竞争中失败了，这是事实，每年的高考全国大约有40%的考生落榜，因为全国高校录取的人数有限，高考是选拔赛，是择优录取，这个优包括的面很广，但实际操作过程中，就是凭分数的高低来录取了。

落榜考生要敢于面对这个失败，要接受这个失败。有些考生和家长都不接受这场竞争中的失败，有竞争就有胜利者，有竞争就有失败者，这是伴随竞争而来的。高考的结果就是几家欢乐几家愁。

如果考生确实认为自己某门课的分数明显低于预估的分数，可以通过法定程序向有关部门提出复查、复核。每年在高考复查中，都会发现确实有计算分数出现差错的情况，但是其概率很小很小。如果经过审核，结果还是和原来报的分数一样的话，那就没有什么可以说的了。

当然有些考生怀疑高校录取时有什么小动作或疑似分比我低的人却被录取了，是不是在招生过程中有所谓的走后门、搞关系的问题，也可以向报考的高校招生办提出，高校招生办负责解释这些问题；如果高校招生办解释没有发现走后门、拉关系的现象，那也只能承认没有被录取的现实。

我认为孩子没被录取，落榜了，他可能会产生这样和那样的疑虑和问题，有条件的比如说查分、咨询招生办，都能帮助他解决，这样有助于他面对现实，承认失败。

11.4.2 多找内因

当孩子面对现实，承认高考失利的事实之后，家长要帮助孩子总结高考的经验教训。无论是复读，或是走其他道路，这个总结都是非常重要的。

高考失利，总的来说无非是外因和内因两个方面。据我多年研究的结果，通常内因是主要的。因此在总结经验时，既要使孩子看到内因，也要看到失利的外因，把两者结合起来统一去看。而且要侧重在内因上找原因，这样才能比较全面地、辩证地总结自己的经验教训，以利于吸取教训继续前进。

有的家长在帮助孩子找原因的时候，往往强调外因，比如学校条件差。北京市某中学考生考了一个300多分，家长跟我说，他们那个破学校，设备不行，老师教学质量也不行，怎么能考好，怎么能和人家师大附中比较。这样的做法往往使孩子在查找原因时避重就轻，强调客观，忽视主观，对孩子总结教训没有好处。是的，学校的师资质量、学校的教学环境等因素对学生的确有一定的影响，但这不是绝对的，起决定作用的应该是考生的自身条件。同样是一所条件较差的学校里，也有学习很好的学生。例如北京海淀区的一所条件一般的中学生也有考400多分、500多分的，而且还有一年高考有考600分以上考上北大的学生。

同样在一所学校，同样在一个班，应该说外部条件是大致相同的，为什么学习水平、考试成绩相差那么远呢？其中主要问题还是在内因上。就说那位考了600多分的同学吧，他学习很勤奋，但也很讲究方法，心态也比较好，因此高考时考出了600多分的高分。他们班里那些考了400多分的同学在学习上相对来说不太用功；或是把许多时间花在了所谓的特长上，一个学生在特长培养上花费了时间，势必影响功课的学习；我们在学习上既强调时间也强调效率，光强调时间不讲究方法，没有效率是事倍功半的。

有一些复读考生考得很成功，关键就在于他认认真真地总结了前一年高考失利的经验教训，特别是从主观方面、从内因方面，找出自己存在的问题，而在复读的这一年，努力克服自己的不足，因此在第二年的高考中考得很好。

就北京大学来说，每年招收的新生中大约有10%的复读生，而在每年招收的省级高考状元中也有大约10%的复读生。他们都能找到自己前一年高考失利的原因，特别是从主观上找出一系列的问题，在一年的复读中逐一把问题解决，高考考得很好，不仅考上了北京大学，有的还成为当年的省级状元。

11.4.3 根据情况重新定位

当家长帮助考生分析高考失利的内因和外因之后，就要根据孩子的实际情况、学习实力、心理状态、兴趣爱好，家长和孩子充分协商、充分讨论，来选择下一步的目标和出路了。

每种出路都有它有利的一面和不利的一面。在选择下一步的出路和目标时，要冷静地、理智地分析，不能武断地否定某一个选择，而不假思考地、盲从地选择某一个目标。每个人的情况不一样，每个人的条件不一样，选择目标、重新定位也不尽相同。

北京某考生高考成绩在本科线以下，但她不想上专科，就想上本科。家里讨论了一下，认为可以选择复读的路子，因为她的成绩还是比较稳定的，心态也比较好，经过一年的复读，一般情况下成绩会比今年高一些，而她的成绩离本科的分数线相差不多，一般比较容易实现，再次高考时超过了本科录取线。对这个考生来讲，她的选择还是比较合乎实际情况的，是有一定根据的。

11.4.4 重在行动

当家长和孩子在一起讨论并确定了目标之后，关键就是行动了。

当然，我们在确定目标时要反复论证，既要看到这个目标的有利方面，又要看到目标的不利方面，利弊均衡，做出一个适当的选择，要充分论证其可行性。在这个基础上，就要充分讨论，如何一步一步地去实现这个目标，要经过多少步骤，每个步骤要做什么，每个步骤的困难怎样去克服，都要想得多一些，想得透一些，多采取一些解决问题的方法，做到心中有数。宁肯把问题想得重一些，把问题想得多一些，有一些必要的心理准备，将来在实现目标的过程中即使出现了曾经想象的困难，也会理智地采取必要的措施，克服这些困难，继续向目标挺进。

这里要强调说明的是，在确定了目标之后，关键的是行动，关键的是实践。考生在解决出路的过程中情绪会有一些波动，这也是很难免的，因为毕竟高考失败了，想一下从失败的阴影中完全走出来，对很多考生来说往往是不太现实的。应该容许考生有一个心理调节和心理适应过程。

如何尽快地走出高考失利的心理困境，最关键最主要的是立即行动，人一行动就会改变过去的一些想法，改变一些不良的状态。越是坐在那里想自己的失败，心情就越不好，行动了，自身就把注意力放在了实现新的目标中去。只要在寻求新的目标中向前推进，就会有一种成绩感，就会振作起精神，就会强化信心。再好的选择，再好的出路，光想不做也实现不了，而且时间一长，又会觉得自己没有出路了。

家长在孩子确定了新的目标之后，要主动帮助孩子去实现这个目标，指导孩子实现这个目标。在实现目标的过程中肯定会有这样或那样的困难，这时家长首先要心态好、情绪要稳定，帮助和引导孩子克服这些问题和障碍，使孩子逐渐明白和体验到一分耕耘一分收获，没有困难就没有成就，没有挫折就没有辉煌。

十二、高考落榜的五个出路

孩子落榜了,下一步该怎么办,走什么路?今后的路还很长,怎么走?从哪里开始走?这对落榜的孩子是十分重要的。

很多落榜考生心情不好,对自己的未来丧失信心,这个时候家长一方面要纾解孩子的心结,另一方面跟孩子商量下一步怎么走,要让孩子看到光明,看到前途,要让孩子知道考高落榜了但脚下还有路,条条大路通罗马。

从中国目前高考落榜学生的实际情况来看,下一步应该怎么办呢?除了就业之外,主要还有以下这样一些途径。

12.1 复读

现在的落榜生都在18岁左右,很多孩子又是独生子女,爸爸妈妈都期望孩子能考上大学,实现自己的心愿,这是可以理解的。人往高处走,水往低处流,希望孩子上大学,将来有更好的前途，这无可厚非。

从中国目前的实际情况来看，复读确实是一条高考落榜生可以走的路。现在各地的复读学校像雨后春笋般地办起来了。

孩子愿意复读，家长也支持复读，我觉得就可以复读。不过哪些人更适合复读？哪些人不适合复读？怎么去找复读学校？怎么去选择复读学校？这都是在决定了复读学校之后要踏实地认真考察、认真选择的问题。

光有复读的愿望还不行，必须选择那些好的复读学校。如果复读学校选错了，选了那些仅仅是媒体宣传很好、实际效果很差的复读学校，把孩子送到这样的学校复读，就会把孩子给耽误了。如果复读一年又没考上大学，那对孩子的心理打击就太大了。

所以选择复读学校家长更要慎重，要慎重择校，要确实抽出一定的时间去进行实地考查，和孩子认真研究，逐项落实，走上复读的道路，家长心中才能踏实。

经过一年的复读，我可以肯定地说，只要心态好，明年一定比今年考得好。

12.2 民办高校

目前国家在大力办好国立高校的同时，也加大力度扶持民办高校，鼓励社会力量办学，国家颁发了《社会力量办学条例》、

《民办高等学校设置暂行条例》等行政法规。目前民办大学有1000多所。

我觉得根据自己的具体情况，参加民办大学的学习，也是解决学历问题的一个重要途径，在部分民办大学毕业也能获得国家承认的文凭。

现在的问题是民办大学的竞争也很激烈，因此，有些民办大学的宣传也有明显的水分。所以家长如果和孩子商量好准备上民办大学，就要对民办大学进行实地考察，做一番调查研究之后，再确定参加哪一所民办大学的学习。

选择民办大学要考虑几个条件：

第一，学校的规模如何？学校的办学实力如何？要选择那些有一定规模、有一定人数、有相当师资力量的大学；

第二，民办大学的社会影响如何？有些民办大学办学实践比较长，已成规模，并且教学质量很好，有口碑，这样的民办大学可以选择。最好访谈一些民办大学在读的学生和从民办大学已经毕业的学生，他们对学校很了解，他们的感受对选择民办大学有很大的启发作用；

第三，一所民办大学应该具有办公楼、教学楼、语音教室、图书馆、微机房、宿舍、食堂、操场等设备，这些教学设备是保证教学质量的必要条件；

第四，师资力量。师资力量是决定民办大学教学质量的关键所在，一所民办大学拥有师资水平高、敬业精神强的一批教师，才能保证教学的质量。如果民办大学的教师大多是临时聘任的，不是很固定的，就很难保证教学质量；

第五，学校管理水平。办好一所大学不仅要靠教师队伍（当然教师队伍是关键），学校的管理水平如何也是很关键的，因此家长对这个问题也要留心考察。

12.3 网上大学

网络大学目前已经成为高等教育的一种形式，网上大学也可以取得学历资格。所以考生家长可以根据孩子的情况跟孩子商量，让孩子读网络大学也是可以的。

教育部在《关于支持若干所高等学校建立网络教育学院开展现代化远程教育试点工作的几点意见》中指出：网络教育学院可根据职能部门共同商定人才培养方案，开展研究生有关专业学位的教学，本科（包括主修专业，副修专业，第二学士学位，专升本），高职高专等层次的学历学位网络教学工作，有关学位授予和毕业资格审查应由学校职能部门负责。

网络大学毕业的学生当然可以拿到国家承认的文凭，因此家长可根据情况和孩子商量，高考落榜后选择网络大学进行深造。家长可以到高校了解网络教育情况，根据情况选择是否让孩子采用这种高等教育形式。

网络学校可解决大学文凭与学历问题，在网络学校学习的学生达到网络学校毕业的要求，成绩合格的就发给毕业证书，国家承认学历，如果达到学士要求可授予学士学位。

网络学校是坐在家里靠点鼠标来进行的，因此就要求学生有一定的自学能力、自我控制能力和意志的坚定性。

12.4 自学考试

国家建立了高等教育的自学考试制度，为落榜生接受高等教育提供了一个方便的途径。高等教育自学考试可以自由报名，不受年龄、性别、职业、原来学历的限制，而且在高等教育自学考试的课程全部通过后，发给国家承认的学历文凭。

它对那些家庭经济不富裕，一面参加工作，一面进行高等教育学习的人还是比较适当的。高等教育自学考试应试考生只要考完专业考试规定的全部课程并且取得合格的成绩，完成规定的毕业论文和其他教学实践任务，思想道德品质鉴定合格，就可以获得专科和本科毕业证书，国家承认其学历。

获得高等教育自学考试合格者并取得了毕业证书，又符合相应的学位条件，可由有学位授予权的主考学校按照《中华人民共和国学位条例》的相关规定授予相应的学位。

高等教育自学考试本科毕业证书获得者如果是在职人员，可由所在单位根据工作需要调整他们的工作，非在职人员由省、自治区、直辖市的劳动人事部门根据需要有计划地录用。

高等教育自学考试毕业证书获得者的工资待遇，非在职人员录用以后与普通高等学校同类毕业生工资待遇相同，在职人员的工资待遇如果低于普通高等学校同类毕业生的，可从获得毕业证书之日起，按照普通高等学校同类毕业生的工资待遇发放。

考生和家长可根据自己的实际情况，自己的经济实力，自己的时间安排，自己的就业情况，通盘考虑来决定是否走高等教育自学考试的路。

12.5 出国留学

出国留学近年来也成为高考落榜者接受高等教育的一种途径。

出国留学比起在国内学习，家庭付出的投入大得多，因此出国留学目前还不能成为一个较为普遍的、大家都能接受的落榜者的出路。家庭经济条件比较富裕，孩子的独立性很强，自我管理能力也比较强，对出国又有一定的兴趣的落榜者，可考虑出国留学。

但出国留学不要匆忙，要作深入的调查研究，多方咨询、多方了解情况，再做出选择。如果仓仓促促做出决定，孩子到了国外举目无亲，语言又不通，所遇到的困难将会给孩子造成很大的心理压力，甚至是精神打击，家长也是牵肠挂肚，无能为力。

总之，有经济条件的家庭为孩子选择出国留学也要慎之又慎。

出国留学不仅是高考落榜生的一条出路，也是一些经济条件比较好的家庭决定让孩子在国内还是出国学习的一个机会。

在国内学习好还是在国外学习好？这个不能简单地回答，个人的看法不一样，个人的情况不一样，很难简单地说哪个好哪个差。

无论是高考落榜生，还是经过考试可上国内学校的考生，家长如果有意让孩子出国，当然首先要看看自己的经济条件怎么样，孩子的独立生活能力怎么样，经过评估如果认为可以出国，那就要进一步，看选择哪个国家，哪个学校，哪个专业。对这些都要做详细的考察和评估，然后再做出理智的决定。

就选择国家来讲，要了解他们的政治制度、教育状况、风土人情、文化背景等；在选择学校方面，要考虑学校的名声、学校的历史、规模、师资、名声、学费等情况。有的家长非选名校不可，我看不一定非上名校，要根据情况来决定。

孩子选择专业时，一方面要了解该专业的历史、成就、毕业后的出路，另一方面也要考虑孩子的兴趣爱好。

我觉得在选择学校和专业时，决定权要放给孩子，不要家长武断决定或强行决定，因为出国念书是孩子去念，孩子念什么专业由他自己决定，家长给他决定了他却不想念，事情就麻烦了。

在出国留学问题上，要找一个信誉度很高的留学机构。现在的留学机构很多，为免鱼目混珠，不能轻信他们口头的介绍和广告，一定要实地考察，特别是去找由他们做中介而出国的学生家长详细了解情况。一个好的中介机构能很好的帮助你了解所要去的国家的教育情况，所要上的学校和报考专业的情况，并且能很好地为你办理留学手续等。

出国留学作为落榜生的一条脚下的道路还是有相当的局限性，在当前中国的经济发展情况下，有条件出国的家庭大部分在大城市和中等城市，小城市都很少有，农村就不用提了。所以目前出国留学还不是一个落榜后可以采取的普遍的解决问题的途径。当然，有条件的家庭可根据各方面的情况，统筹安排考虑是否为孩子选择出国留学，走这条继续深造的道路。

问题是哪些家庭的孩子、具备哪些条件的孩子适应出国。这个问题一定要搞清楚，不是说没考上大学和考得不满意的学生都可以出国。

12.5.1　家庭经济实力比较充实

孩子上大学是需要费用的，出国留学需要的费用更多，从中国经济发展的实际情况和中国家庭收入的水平来看，我个人认为，多数家庭承担不起出国留学的费用；即使去的国家留学费用比较少，每年也得五六万人民币，有人说一般的工薪家庭都能承受这样的负担，我觉得不是，我们细细算算账，假使一般工薪的夫妻二人都工作，都有收入，比如每人每月都有两千到三千的工资，一年这个家庭也就是6万左右的收入，孩子在国外上学的费用就要五六万，那么夫妻两个在中国国内生活不吃不喝不穿不消费吗？一旦遇到一些突发事情怎么办？我觉得那种认为一般工薪阶层家庭能承担出国留学费用的观点是不实际的，不现实的。

从经济承受力来讲，从中国一般家庭目前收入的情况来看，多数家庭是承担不起孩子出国留学的。且不说出国留学好还是在国内读大学好。当然也有一般工薪家庭的子女出国去留学，那他们是因为有在国外的亲友资助，否则的话，单凭自己家庭在国内的收入是支撑不了孩子在国外留学的费用的。

所以我认为，如果家长想用送孩子出国留学的办法来解决孩子高考失利的问题，首先要看看自己的经济实力能否承担起这笔费用。

12.5.2 孩子的外语基础

出国留学首先要解决外语问题，要过语言关。水平再高的中国学生，如果对所去国家的语言一点不会或会得很少，就很难适应留学生活，更谈不上听课学习了。有的家长急于把孩子送出国，高考一旦没考好，马上就想在当年9月份把孩子送出去，认为越早越好，越快越好。其实这是一个误区，特别是孩子在精神上没有充分准备，语言上也相差太远，出国之后他们的经济压力和心理压力是可想而知的，不但适应不了国外的生活，更谈不上适应国外的学习环境了。那时孩子一个人在外边，家长在国内操的心可就大了，不像孩子在国内你可以随时帮助他，那时你只能干着急，孩子在外面也会感到无依无靠。

所谓孩子的外语基础、外语水平也是考虑出国的一个非常重要的条件。当然如果有强烈的出国愿望，经济条件又允许，就应该资助他去学习，可以先在国内学习语言，待有一定的条件再出去。我认为不能仓仓促促地在语言基础很差的时候就出去，到那里举目无亲、又"聋"又"哑"，那样的煎熬很多孩子是难以承受的，家长也会因此而提心吊胆，惶惶不可终日。

12.5.3 要有一定的生活能力、一定的自制能力

我们国家现在不少孩子是独生子女，在家里是衣来伸手饭来张口，即使是高三的学生，都十七八了，不叠被子的也大有人在，相当多的学生缺乏独立自理的生活能力。这种独立自理能力很差的同学我认为暂时不宜出国，出去之后，衣、食、住、行全靠自己来解决，他们没有这个能力，也很难适应这种生活。

我的意思不是说独立生活能力差的学生就不能出国，人的独立生活能力、独立处理问题的能力都是在生活实践中培养出来的，没有人天生就独立能力强、自理能力强，我们中国的孩子缺乏这方面的训练和锻炼，他在这方面差一些也是可以理解的，因此在出国前这方面的能力要加强培养，要达到一定的独立生活能力和独立处理问题的能力方可出国，否则的话在国外举目无亲，

可能会出现这样或那样的问题，甚至出现意料不到的问题，家长在国内干着急，眼巴巴却帮不上孩子的忙，那时的痛苦就可想而知了。

关于孩子自身的素质还要强调一点，就是孩子自我控制的能力要比较强。因为在国内不管如何总是在父母旁边，孩子的言行父母总会看到一些，知道一些，到了国外父母什么也不知道，什么也看不见，有些孩子自我控制能力很差，在那种生活环境中可能会受到不良因素的诱惑而走上歧途。所以家长如果要送孩子出国，对孩子自我控制的能力要有一个实事求是的估计，对于那些自我控制能力差的孩子暂时不宜送他／她出去。

12.5.4 孩子有出国留学的愿望

有些落榜考生和高考没考好的学生，家长希望把他们送出去留学，作为解决这个问题的一条出路，有些孩子也非常赞同父母的安排，愿意出国去见识见识，通过在国外的学习使自己更好地成才。有这种愿望的同学，出去当然好。

但也有不少孩子不想出去，他认为自己还小，应该在国内、在中国文化的培养下，使自己获得独立自主的能力，有了自己的价值观和人生观之后再出国，否则的话，在国内还没学好，到国外去又不适应就两耽误。我觉得这些孩子考虑问题还是比较全面的，也是比较实际的，因此，在出国问题上要尊重孩子的意愿，不能强行让孩子出国，如果他们不想出国让他们出国，出国后也学不好，甚至还可能会出现其他问题。

　　出国好还是不出国好，这种问题的提法也不太适当，他们各有各的特点，出国有出国的特点，在国内学习有在国内学习的特点，个人情况不一样，有的人适合出国，有的人不适合出国，有的人愿意出国，有的人不愿意出国，要区别对待，不能笼统地一句话而定。

十三、复读生家长须知

13.1 只要心态调节好，明年定比今年好

据我的研究，复读生能否复读成功，关键在于是否把心态调节好。

我对复读生进行过心理健康测试，结果表明近年有心理健康问题者占47.1%，即半数复读生存在心理问题。其中情绪不稳定的占62%，适应不良者占59.5%，学习压力大者占59.1%，强迫现象占52.1%，焦虑者占49.4%，心理不平衡者占47.4%，人际关系紧张者占43.7%，敌对者占40.9%，偏执者占30%，抑郁者占33.6%。

复读生的心理问题远比高三学生的心理问题严重，也远比大一学生的心理问题严重。其主要原因就是高考失利，高考落榜。

高考成功约等于实力加心态，是考生的文化素质与心理素质共同作用的结果。考生失利或落榜，从总体来看无非是考生实力

不行，或者是考生心理问题严重，或者是两个原因都有。

我的研究表明，复读生高考能否成功，一个关键问题在于解决复读生的心理问题。因此复读生要高度重视心态调节，家长、复读学校、社会也要从各方面高度重视复读生的心理问题，帮助复读生驱散心理迷雾，确保复读效果，提高高考成绩。

13.1.1 树立信心

复读生要复读成功、高考成功，首先要闯心理关。信心不仅是高考成功的灵魂，是高考成功的心理支柱，也是复读生复读成功的精神支柱和心理力量。复读生只要心态调节得好，树立高考成功的信心，再读一年，学习成绩肯定会提高的。

第一，复读一年不是高三重复，是进入了高四，这一年在过去的高三学习基础上经过一年的学习强化，运用知识解决问题的水平会提高一步。

第二，高考失利总结经验教训，失败是成功之母，教训将成为成功的财富，考生吸取了经验教训，就可以在复读时少走弯路。

第三，经过一年时间的复读，考生的心态将比过去成熟。

这些都说明复读生只要心态好，明年一定比今年考得好。我多年的研究也证明了这一点。我连续多年访谈了全国高考省级状元300多人，其中有10%左右是复读生。2003年北京大学录取的新生中有11.7%是往届生。

复读生可以看看过去的复读生是怎么样高考成功的，是怎样树立起信心的，是怎样在复读的一年里克服各种困难走向成功的。在王极盛著《高考成功实话实说》里有6位复读生详尽地谈自己如何走出复读的心理困扰，不仅考上了北大、清华，而且成为省级高考状元。

13.1.2 情绪稳定

复读生落榜后，有些情绪波动是完全可以理解的，有什么心思和顾虑都不要憋在心里头，越憋越容易出现心理问题。事情是客观存在的，必须想办法去解决，怎么解决呢，我认为把心事说出来是自我调节心态成功的一半。因此复读生有心事要说出来，对自己的老师说，对自己的朋友说，对自己的家长说，说出来就会减轻压力，说出来就会得到亲朋好友的同情、关心与支持，说出来就会得到社会支持，对稳定情绪，找回信心大有好处。当然，复读生在复读时可以听听自己喜欢的音乐，对稳定情绪有一定帮助。

13.1.3 制定生活作息时间表

复读生中有不少人整天恍恍惚惚，生活没有规律，白白浪费了不少宝贵时间。因此，复读生要想情绪稳定，进入状态，就要根据自己的学习和生活情况制定一个适合个人实际的生活规律实践表，使自己的生理状态与心灵状态节律化，这对自己心理与生理健康、对学习效率和学习成绩的提高都会有益处。

13.1.4 每天基本完成当天的学习任务

复读生每天上课时要专心听讲,这是非常重要的,有些复读生误认为这些题老师都已经讲过了,其实你未必消化了,未必理解了,未必能运用这些知识解决问题。通过老师的讲解,你会深化对这些知识的认识,并提高自己解决问题的能力。

有些复读生认为,我的题做得太多了,好多东西都做过了,听听就是了。实际上这是不对的,学习实力一方面是考生掌握知识的程度,另一方面是运用知识解决问题的程度,课后做些题不仅帮助考生检验、巩固知识,而且通过完成作业培养和提高解决问题的能力。所以,复读生每天要基本完成学校留的作业,这样日积月累就会逐渐获得充实感、力量感与信心感。

因为学习实力是高考成功的硬件,自己的硬件越来越充实,心里就会越来越有信心,情绪也会越来越稳定,心态也就越来越好。

13.1.5 挺胸抬头走路

人的内心体验与行动是一致的,人在有信心情绪好时就会挺胸抬头,走路很有精神。人在缺乏信心、沮丧时就会无精打采,低头哈腰,走路无力。

复读生可以用人的内心体验与自己行为动作一致的原理,每天走路挺胸抬头,步伐坚强有力,速度稍快,经常这样做就会增强自己的信心,调整自己的心态。

13.1.6 充分利用积极的自我暗示

积极的自我暗示能唤起人的良好情绪，复读生根据自己的情况采取积极的自我暗示，当心情烦躁时心中默念"平静，平静，平静"，当心灰意懒时默念"我行，我行，我行"，当心理紧张时默念"放松，放松，放松"，这样对消除不良心态是有作用的。

13.2 家长怎样帮助复读生调节心态

家长最了解自己的孩子，也最了解孩子的心态变化，家长又是孩子最亲密的人，孩子是最容易受家长的言行影响的。因此，家长帮助复读生调好心态是责无旁贷的任务。

那么家长怎么帮助复读生调节心态呢？

13.2.1 要尊重孩子的人格

人和人要相互尊重，家长和孩子在人格上是平等的，孩子要孝敬父母，尊重父母的人格，家长也要尊重孩子的人格，这是家长和孩子沟通最基本的前提条件。有些家长误认为，我是你老子，我有教育你的权利，你就应该听我的，你不能和我平等，不能没大没小。我觉得这是不当的。孩子要尊重家长、对家长要有礼貌，这是必要的，但孩子在人格上和家长是平等的，不能因为他是儿子在人格上就和父母不平等。

孩子高考落榜进入复读，不能欺负孩子，不能给孩子心理压力，不能给孩子加码：你就应该给我考好，你就应该明年给我考上哪所大学，你就应该给我考多少分。孩子不是为你考的，而是给他自己考的。你这样做对孩子不仅人格上不尊重，而且会造成孩子对自己不负责任。家长对孩子不能有指令性的规定，必须考上什么学校，必须考多少分，更不能威胁孩子，有的家长说：你明年考不好可小心点，想想你的下场是什么。这些威胁孩子的话会损伤孩子的人格，挫伤孩子的自尊心。

家长只要尊重孩子的人格，孩子也会把心里话说给家长听的，大家有不同的意见可以相互交换、讨论，共同想出解决问题的方案。在复读过程中，家长和孩子在一些问题上有不同意见和想法是完全可以理解的，由于大家的经历处境不同，看问题的角度不同，这些都没有关系，关键在于大家要善于交流意见，寻找解决问题的有效途径。当然，我们尊重孩子的人格，也不能丧失对孩子的指点和必要时对孩子的一些批评。

13.2.2 营造家庭宽松、和睦、温馨的气氛

孩子在复读的期间，父母要努力使家里充满温馨、关怀的气氛，使孩子得到心理安慰。家庭成员对孩子多一份微笑、少一份叹气，就有利于复读生的心理调节。

要给复读生创造安静的学习环境，学习环境是否安静对学生的心态有一定的影响，特别是复读生。由于高考的失利，心里不

太安宁，甚至有些烦躁是可以理解的，因此复读生的家长要注意为孩子创造一个比较安静的学习环境，使孩子安心学习，在学业上不断进步。

孩子落榜了，他正在复读，一般不大喜欢见客人，因为有的客人不一定知道孩子落榜了，见了面就会问几句：上哪个大学了？一提起来这事，孩子心里会感觉不是滋味，也会影响孩子的心态。所以有的孩子会回避家里来的客人，造成孩子和客人都非常尴尬。因此，我觉得在复读期间，特别是9月到12月份，家长如果没有特殊情况不要在家里会客，有什么事情尽量到外面去办。

家长打电话也要简单一些，该说什么事说完就可以了，不要聊天聊很长时间，孩子本来就心里烦，他需要安静，要在一个比较安静的环境下进行复习。

家长可以适当看电视，但不要看时间太长，一个晚上都在看，尽管孩子不看，但他的注意力是会受影响的，因为电视里的一些节目对孩子还是有诱惑力的。另外，家长看电视的时间要适当，声音也尽量小一些，到孩子那边听不见就可以了。千万别让孩子听得到，那会对他的学习有影响。

13.2.3　不要帮倒忙

孩子在复读期间看什么书、买什么书由他本人决定，如果孩子有时比较忙，委托家长买，那就按照他的要求买就是了。因为复读时学校会发书的，学校的老师也会建议你买什么样的参考书和题集。有的家长感觉在学习上帮不了孩子什么忙，又想为孩子的学习出点力，就到书店里买来参考书，也不管孩子是否需要，回来就让孩子做。实际上，这是打乱了孩子的学习计划，冲击了复读学校的教学布置。好多复读学校都有严格的教学计划和步骤的，孩子上了复读学校按照复读学校的步骤就可以了，家长不必瞎操心。

13.3 复读学校怎么帮助学生调整心态

复读学校在帮助孩子调整心态当中起着非常重要的作用，因为这些孩子的白天将在学校中度过，他们学习生活中的种种心理表现，学校的老师都很了解。因此，学校的老师怎么做复读生的心理调节工作是复读学校的重要任务。

13.3.1 切实重视心理教育

我多年研究高考，结论是：考生掌握和运用知识的水平是高考成功的基础，是高考成功硬件。考生进入复读学校，就是通过高四这一年来进一步地掌握知识，进一步提高运用知识的水平，把高考成功的基础再打得牢一些。这是复读学校的首要任务。

考生心理状况的调整是高考成功的软件。因此，复读学校的老师不仅要担当起复读生提高硬件水平的任务，而且有义务提高考生的软件水平，否则硬件水平再高也发挥不出它应有的作用。

在现在的复读学校中确实有的老师只管讲课,讲完课就完成了任务,他们很少与学生交流,也不了解复读生的心理状态。所以他们只做了孩子高考成功的硬件工作,不抓考生高考成功的软件工作,这样就收效不大,考生的实力很难提高。

复读生的心理问题比高三学生都多,比大一学生都多,这是很正常的,因此复读学校的老师要担当起调节孩子心态的任务。

高考成功的硬件和软件在高考中同等重要,缺一不可。因此,复读学校要两手抓,一手抓功课,一手抓心理教育工作,两者相辅相成,才能确保提高孩子的学习实力,确保调节好孩子的心态。

13.3.2 复读班要有专职的班主任老师

班主任老师的工作重点是抓复读生的心理教育,既要帮助学生们解决共同的心理问题,又要解决个别学生的心理问题。

复读班的生源来自各个学校。他们的学习水平不同,心理状况不同,情况比较复杂,因此,复读班的班主任不仅要解决该班同学共同存在的心理问题,而且要针对个别同学的心理问题个别解决。

班主任的心态、班主任的精神面貌将对复读班的同学心态产生重大的影响。因此,班主任老师要与复读生交朋友,促膝谈心,互相沟通,使复读生能把自己的心事说出来,班主任老师再根据情况来帮助他们解决。

复读班班主任的作用在开学的前两个月里特别关键。开学时复读生们带着各种各样的心理问题来到了复读学校,他们的心理问题亟待解决,否则就会影响他们学习成绩的提高,影响他们听课的效果。

到了高考前两个月,随着高考的即将到来,复读生各种心理问题也会出现。越是临近高考心态调整越重要越关键。因此,班主任老师更要下大力气解决复读生的心理问题,使复读生充满信心,以平和的心态和情绪进入考试状态,力求在高考中正常发挥。

13.3.3 切实提高教学质量

复读学校要根据复读生学习的具体情况采取有效的方法,提高复读生的学习成绩。尤其是在刚开学的一两个月,教学质量的高低对复读生树立信心、稳定情绪会起很大的作用。

13.4 怎样选择复读学校

如果家长和考生经过充分讨论和论证决定复读,选择复读学校是复读成功的第一步,因此家长和考生对复读学校的选择要谨慎细致。

那么怎么选择复读学校呢?

13.4.1 是否具有教委颁发的社会力量办学许可证

每年都有大约40%左右的考生落榜，而落榜生中有相当数量的人走复读的途径，以求来年再考。因此，复读生是有巨大市场的，所以许多复读学校纷纷应运而生，其中难免鱼目混珠。

选择复读学校，首先要看这所复读学校有没有教委颁发的社会力量办学许可证，换句话说，这所复读学校是不是合法的。一定要上一所合法的复读学校，否则的话质量难以保证。不要看复读学校在媒体上的宣传，而要亲眼看其是否有社会力量办学许可证。

13.4.2 师资力量如何

复读学校办得质量如何，在很大程度上取决于师资力量，一般说来，复读学校师资质量好，学生的复读效果也好。

现在的问题是，几乎所有的复读学校都打出广告，写的都是由名校的特级教师担任学校授课老师，其实有些复读学校的广告水分很大。一个地区那么多的重点中学，哪有那么多的特级教师？他们就是利用媒体，用充满诱惑的词语来吸引学生。有的复读学校在广告上打的是xx特级教师，而实际上只是高级教师。这里面各种各样的水分多得很，所以家长和考生一定要仔细辨别，不能认为媒体上写的还能错吗？实际上错的地方多得很，一定要实地考察，严防上当受骗。

例如，某媒体说教语文的老师是某某高三班的特级教师。家长和学生就应该仔细调查一下,有没有这个学校,有没有这个高三的语文老师,他是不是特级教师,他的教学质量究竟怎么样?这些要了解清楚,不能仅凭复读学校的宣传就相信他。

我们认为,复读学校的老师不仅要看他的水平,而且还要看他教学态度如何,有的老师确实教学水平很高,但由于时间等因素教学态度不认真,也会影响教学质量。比如说,他在多所复读学校兼职,他就不可能很好地在一所复读学校集中精力把课程教好,把孩子带好。所以,考察老师的教学质量要从多方面去看,不能听复读学校单方面的宣传。

13.4.3 教学计划是否切合实际

复读学校要办好,不仅要有良好的师资,而且还要有一套切实可行的教学实施计划。不是谁都能办好复读学校的,复读学校它也是一种学校,要办好得有一套较为完整的、经过检验的、切实有效的教学计划和教学进度。家长和考生也要对这方面予以关注。详细地分析复读学校的宣传资料,同时还可以向他们提出一些问题咨询,看他们回答的情况怎么样,从中也可以了解一下这个学校的教学计划、教学方案和教学进度等方面的情况。

13.4.4 考察教学设备

学校是否有一定的规模?是否有较好的教学设备?对复读的质量也有相当大的作用。

有的复读学校实际上自己没有独立的教室，而是流动的，经常更换地方，这样就不利于复读生的学习。有的复读学校一个教室里容纳了相当多的人，非常拥挤，到了夏天热得学生都喘不过气来，这样怎么能学习好怎么能复读好？

合乎条件的教室、必要的教学设备，是保证复读质量的非常重要的条件，家长和考生在这方面要予以充分的重视。

复读学校的管理水平，在一定程度上也制约着复读生的复读质量。要看看那个学校是不是全日制上课，是不是有班主任，班主任是不是固定的，管理水平如何，这些也很重要。

总之，家长和考生在选择复读学校时一定要谨慎，不要陷入陷阱，要多问、多思考、多对比、多看，而且要听听过去的复读生和家长对学校的口碑情况，要较全面、较系统地考察复读学校，这样才能选好复读学校，选好复读学校就是复读成功的一半，就是复读成功的第一步。

13.5 哪些人适宜复读

据我的研究，适宜复读的学生有以下几类。

前面说过，只要心态调节好，明年就一定比今年考得好。但是，这也和许多复读生的本身条件有密切的关系。有的人就在短时间内很难把心态调节好，因为他的本身情况决定了他的调节状况。那么哪些人适宜复读呢？

13.5.1 自己强烈要求复读的人

有些考生自愿要求复读，不是父母强加给他的，也不是父母反复做工作而勉强地去复读，而是他没考好或落榜后一心一意要复读，千方百计地要去复读，他就想通过一年的时间再提高一步，考上自己理想的学校。

这些复读生都有强烈的责任感，强烈的复读愿望。他们进入复读班后，都能埋头苦学，经过一年的复读确实实力提高了，第二年考试时大部分都可以实现自己上大学的愿望。

13.5.2 高考时明显失误

有些考生平时的学习成绩比较稳定，而高考由于种种原因明显失误，与原来的成绩差几十分甚至上百分。他们的失误不是由于学习本身的实力造成的，而是由于当时的一些偶然因素影响了高考。比如，有个考生没考好，因为高考前他的奶奶病故了，致使当时过于悲伤，一时调不过来而影响了高考，造成高考成绩和平时成绩相差太远。这样的考生复读一年，一般来讲肯定会比他原来的平时成绩提高一步。

还有些考生由于考试技巧等原因造成了高考失利。例如有位考生看到数学试卷中有一道题的比分比较高，就先去做那道题，做来做去做了半个小时都做不出来，越做不出来越发毛，又舍不得抛开这道题，又想着前面和后面的题都还没做，心里很矛盾，情绪越来越坏，最后这道题没做出来，其他的题也耽搁了，结果本来会做的题都没做出来。

这类考生只要总结经验教训，把握考试技巧，明年就一定会比今年考得好，明年的考试成绩一定会比平时的成绩高。

13.5.3 肯吃苦

复读是一个艰苦的过程，不仅在体力上，而且在心理上都要付出很大的代价。有的考生就有那股劲，就有那种精神，虽然在复读中会遇到很多困难，但是他肯吃苦，肯下工夫，敢于坚持，敢于拼搏，这样的考生很适宜复读。

13.5.4 有潜力

有些考生没考好落榜了，不是他的智力水平差，不是他没能力，是他曾经没把精力放在学习上。有一位考生高一学习成绩相当好，高一暑假时，爸爸妈妈给他买了一台电脑，一个暑假玩上瘾了，被网络俘虏了，从此放学回家就上网，星期六、星期天也上网，作业基本不做，上课时有时还想着网上的情节，学习成绩节节下降，高考失败是意料之中的事情。这个考生经过反思认识到，自己高考失败不是自己能力不行，而是自己走了歪道，没把精力放在学习上，他自己也认为，不上网，复读一年，肯定成绩会上去，肯定能考上大学。我觉得他这个判断也是有道理的。

有能力、有基础，但只是高一、高二的一两年荒废了学业，他愿意"痛改前非"，这样的考生去复读肯定会复读好。

13.6 哪些人不适宜复读

并不是落榜和没考好的学生都适宜复读，有些学生就不太适宜复读。当然，复不复读是由考生自己的意志来决定的。

那么哪些考生不太适宜复读呢？

13.6.1 坚决不复读的人

有些家长为了孩子的前程，孩子没考好或是落榜了，坚决让孩子复读，非复读不可，认为复读是唯一成才的道路。有一个考生，高考考了367分，离重点线有相当的距离，他认为高考的成绩就是自己平时成绩的表现，基本上就符合他平时的水平，所以他不想复读。他的家长却不那样想，非上重点大学不可，不上重点誓不罢休，人人都能上重点，你为什么就不能上重点，你就是没有志气，就是没毅力，你就是不求上进。

其实孩子并不接受这些观点，可是父母几乎是强行让孩子复读的。这样孩子心态不好，顾虑重重，思想压力很大，很难复读好。

还有相当多的考生本人就不想复读，尽管父母多方面做工作，就是坚决不复读，给他报班他不参加，这样的孩子还是不要去复读,还是尊重他自己的意愿吧。就是勉强让他去复读,人在教室里他头脑里想着别的事,学也学不好,家长你能控制他吗?回家后把他关在房子里学习、做功课,你能整天盯着他吗?你总有不在的时候,你总有休息的时候,他打开电视你知道吗?他开着电脑说在做作业,其实是在上网,你能控制得了吗?家长不可能看住他。所以,坚决不想复读的考生,尽管家长多方劝说仍然坚持不想复读的孩子,我的意见是家长不要勉强这样的孩子去复读,即使去复读也不会有好的效果。

13.6.2 不想再念书的考生

有的考生念书念烦了,他的心思就不在念书上。他也说,我考不上大学是理所应该的事,我没努力,没下工夫,我的心思不在那里,我能考得好吗,我不想念大学了,我感觉念书太痛苦了,太没劲了,白白浪费人生的大好青春,我想工作,我想当警察,这是我的愿望,比念书好多了,我干吗在那里没完没了地做题呢?我这人不适合待在那里不动,我总喜欢活动。

这样的孩子,我也建议家长不要勉强他,他不想念书你就不要硬逼着他念书。他都18岁的人了,应该给他一个选择的权利,他想工作就让他工作。像那个想当警察的孩子,既然他有强烈的愿望想当警察那就支持他实现愿望,行行出状元,只要做得好在哪种行业里都会有成就。

所以,不想念书的孩子、讨厌念书的孩子、经过劝说仍然改变不了他观点的孩子,既然他们有强烈的工作愿望,那就让他们去工作。

13.6.3 自我控制能力差

有些考生高考没考好,是因为自我控制能力差,他们经不起诱惑,不是上网就是玩游戏机,或是从事其他一些活动,尽管老师、家长多方督促、批评和教育,都难以改变。当然,人的坏习惯不是改变不了的,只不过要下巨大的工夫,而且要均衡一下利弊,你让他/她复读,他/她就是那个毛病,就是控制不住自己,就是要玩。一年的复读他/她也不好好学习,过去上高中时,还有一个班集体,还有班主任老师,还有学校的纪律约束,他/她还那样玩,更何况到复读学校了。当然,复读学校也有管理得很好的,但毕竟跟高三时不一样。

所以,我认为这种自我控制能力差的孩子,如果孩子自己强烈要求去复读,那是好事情,如果孩子自己不想复读,你也别勉强,该干什么干什么,把孩子引到正路上,也是家长对社会做了贡献。

13.6.4 有突出特长但学习基础差的

有些学生有突出特长,比如说足球踢得非常好,参加了足球队的活动,他们把很多时间都投入到了足球训练中,在足球方面确实有两下子,甚至出类拔萃,但是,毕竟由于训练占用了相当多的学习时间，学习基础很差。这类学生由于基础差，经过一年复读上榜的可能性也不大，而且你让他在这一年里坐下来埋头学习基本上不可能，因为他的心思在足球上，你不让他踢足球，他的腿痒痒，心动，他的脑子里想的都是足球的事，已经是多少年形成的习惯了，你想在一年中把他改变是不容易的，结果足球没练好，复读也没复读好。

我觉得，这类学生干脆提供机会让其发挥特长，特长发挥好也是对社会的贡献，人无完人，金无足赤，不要太苛求。过于苛求，非让他复读，非让他上大学，不但这条路很难走得通，即使走得通，你也把他突出的特长给扼杀了。

最后我还想说一句，复读不复读的选择，决定权在孩子，不在家长。

如果孩子强烈要求复读，即使家长不同意复读，我觉得家长也要尊重孩子的意见，让孩子复读去吧；如果孩子强烈反对复读，根本就没有心思复读，你也别勉强，你就是把他／她送到复读班他／她也不会好好去读。

当然，复读不复读，家长有相当多的发言权、调查权，在这方面家长比孩子操的心还多。家长的意见、家长的看法固然重要，但孩子的选择才是应否复读的重要依据，决定权还是应该留给孩子，让孩子自己决定自己的命运吧。